笑顔のステッチコレクション

フェルトとビーズで作る

刺しゅうブローチ

Embroidery brooch

松尾容巳子

Yumiko Matsuo

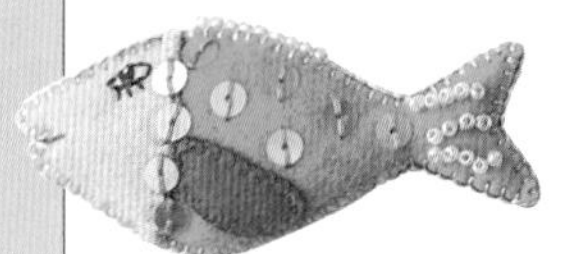

CONTENTS

刺しゅうブローチ
基礎レッスン

※作品に使用したフェルトはサンフェルト、
刺しゅう糸はDMCのものです。問い合わせ先はP.88を参照ください。

Clara
1
2

クララは図書館の学芸員。花図鑑を見るのが好き。

1 アザミ **How to make ✱ P.41**

2 クララ／ドイツ人 **How to make ✱ P.42**

Jacob
3

BONJOUR

大学生のヤーコブはボート部に入っている。

3 ヤーコブ／オランダ人 **How to make ✱ P.43**

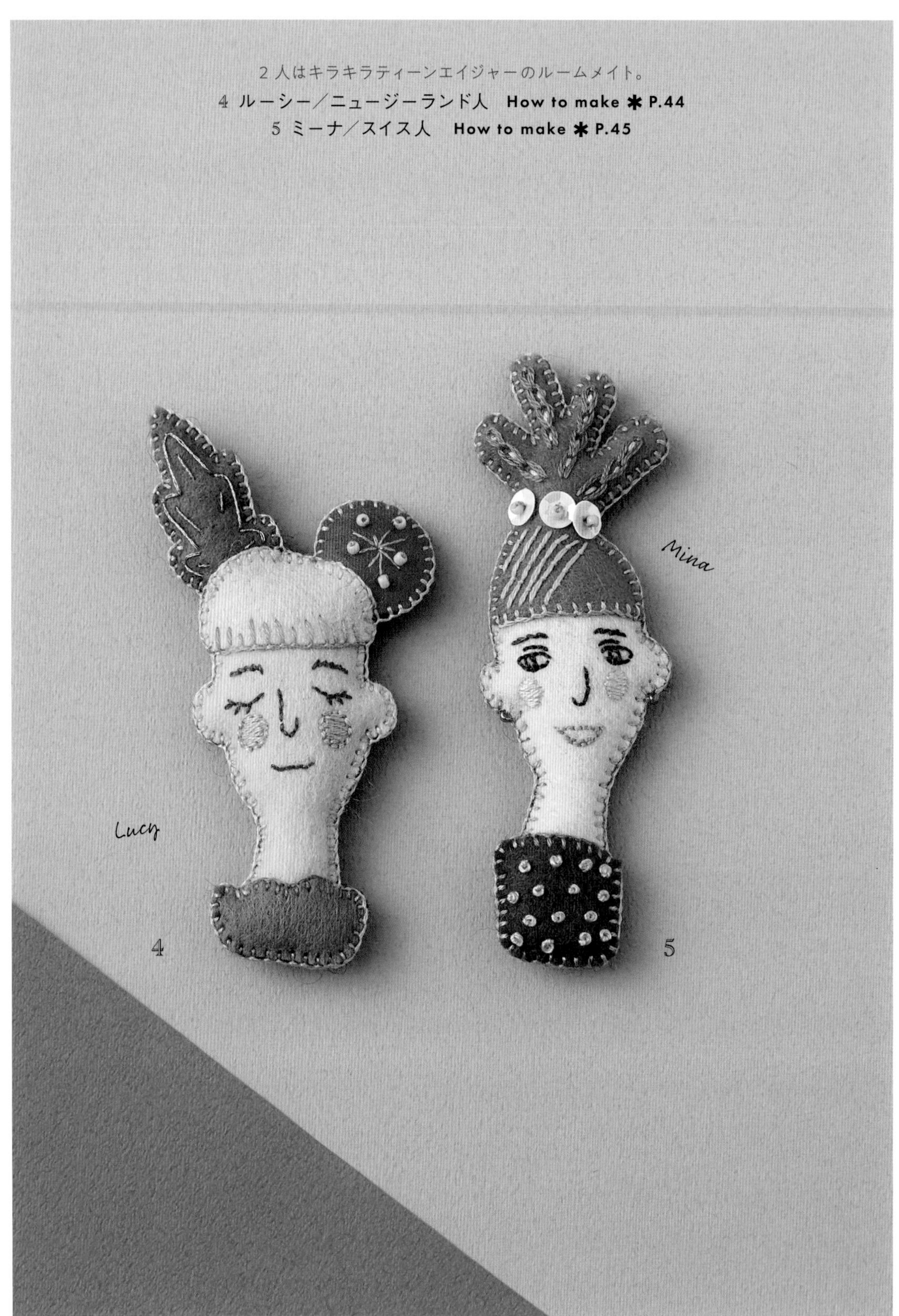
Mina
Lucy
4
5

２人はキラキラティーンエイジャーのルームメイト。

４ ルーシー／ニュージーランド人 **How to make ✱ P.44**

５ ミーナ／スイス人 **How to make ✱ P.45**

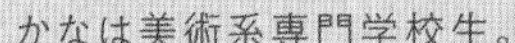

かなは美術系専門学校生。

6 かな／日本人 **How to make ✱ P.46**

7 名もなき花 **How to make ✱ P.47**

6

Kana

7

8

Tu sais, ...

Kaori

9

10

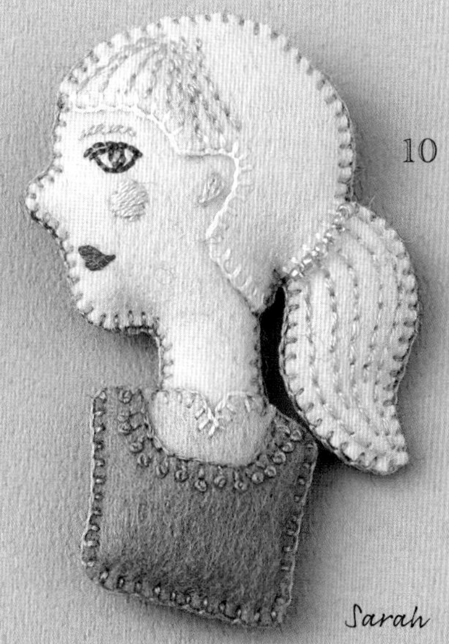

Sarah

フランスの大学に通う女友だち。
9　かおり／日本人とフランス人のハーフ　**How to make ✱ P.49**
10　サラ／フランス人　**How to make ✱ P.50**

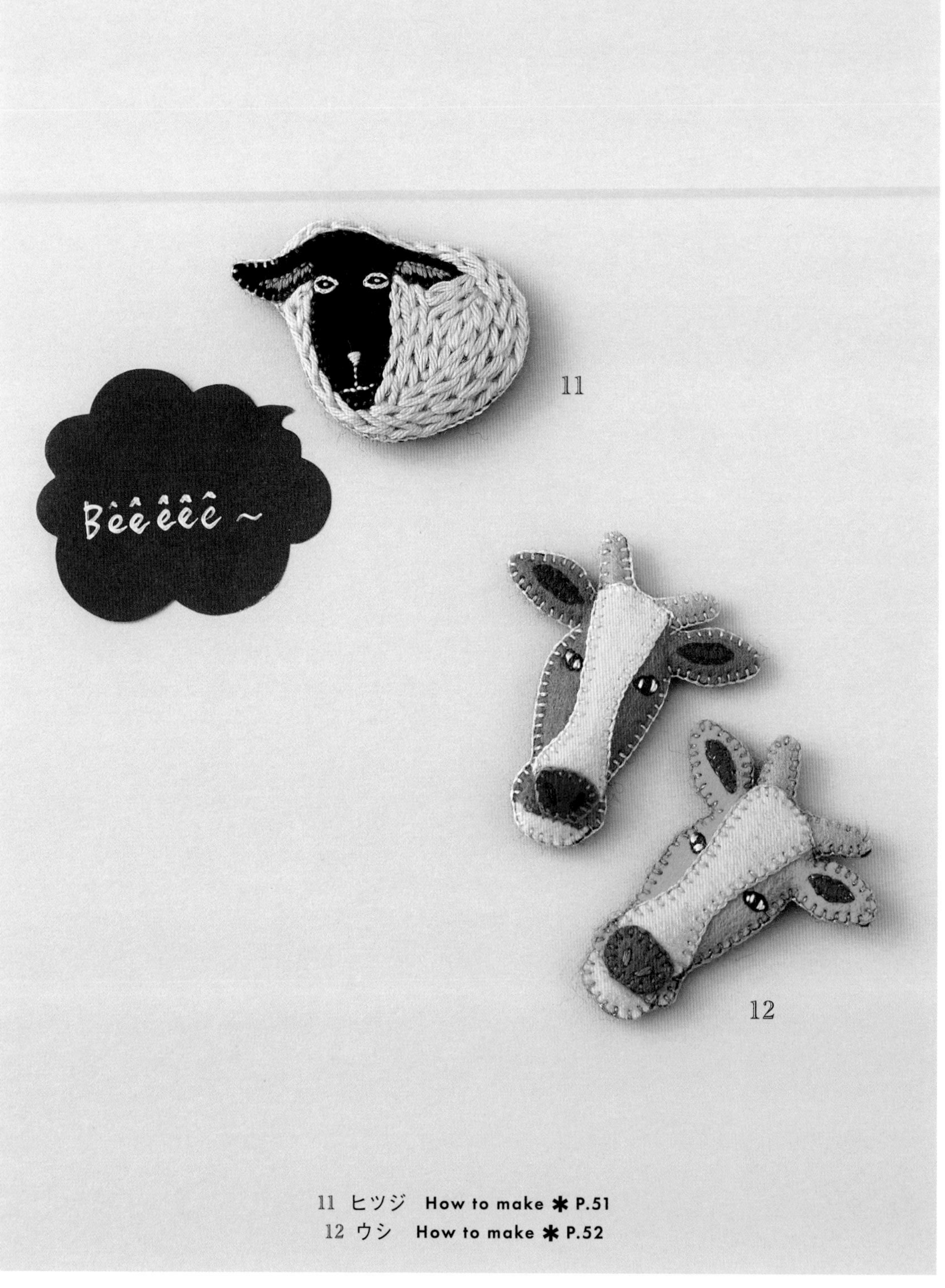
Bêêêê ~
11
12

11 ヒツジ How to make ✱ P.51
12 ウシ How to make ✱ P.52

13

FRAGILE

13 ヤギ How to make ✱ P.53

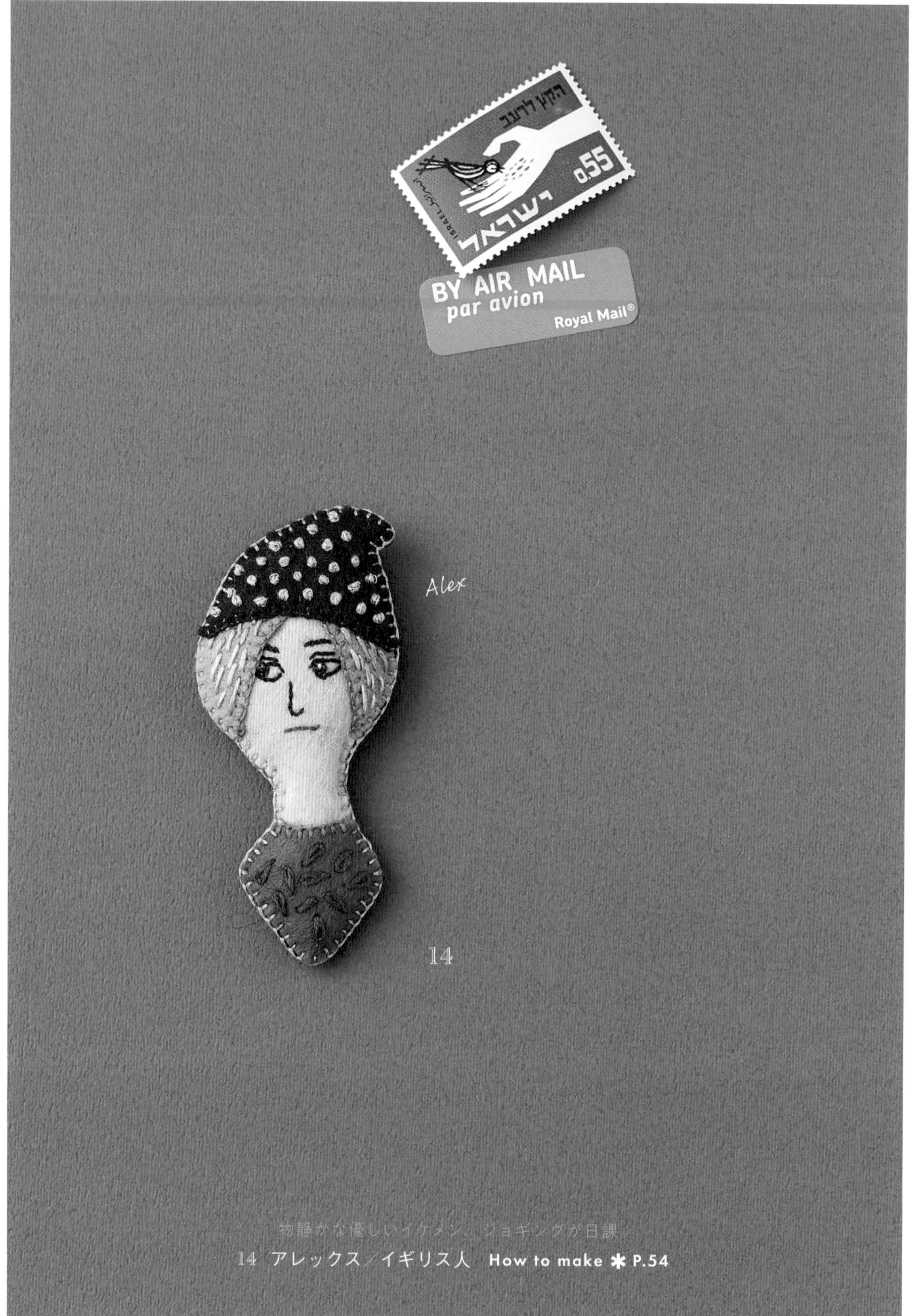
ישראל
0.55
BY AIR MAIL
par avion
Royal Mail®
Alex
14

物静かな優しいイケメン、ジョギングが日課。

14 アレックス／イギリス人 How to make ✱ P.54

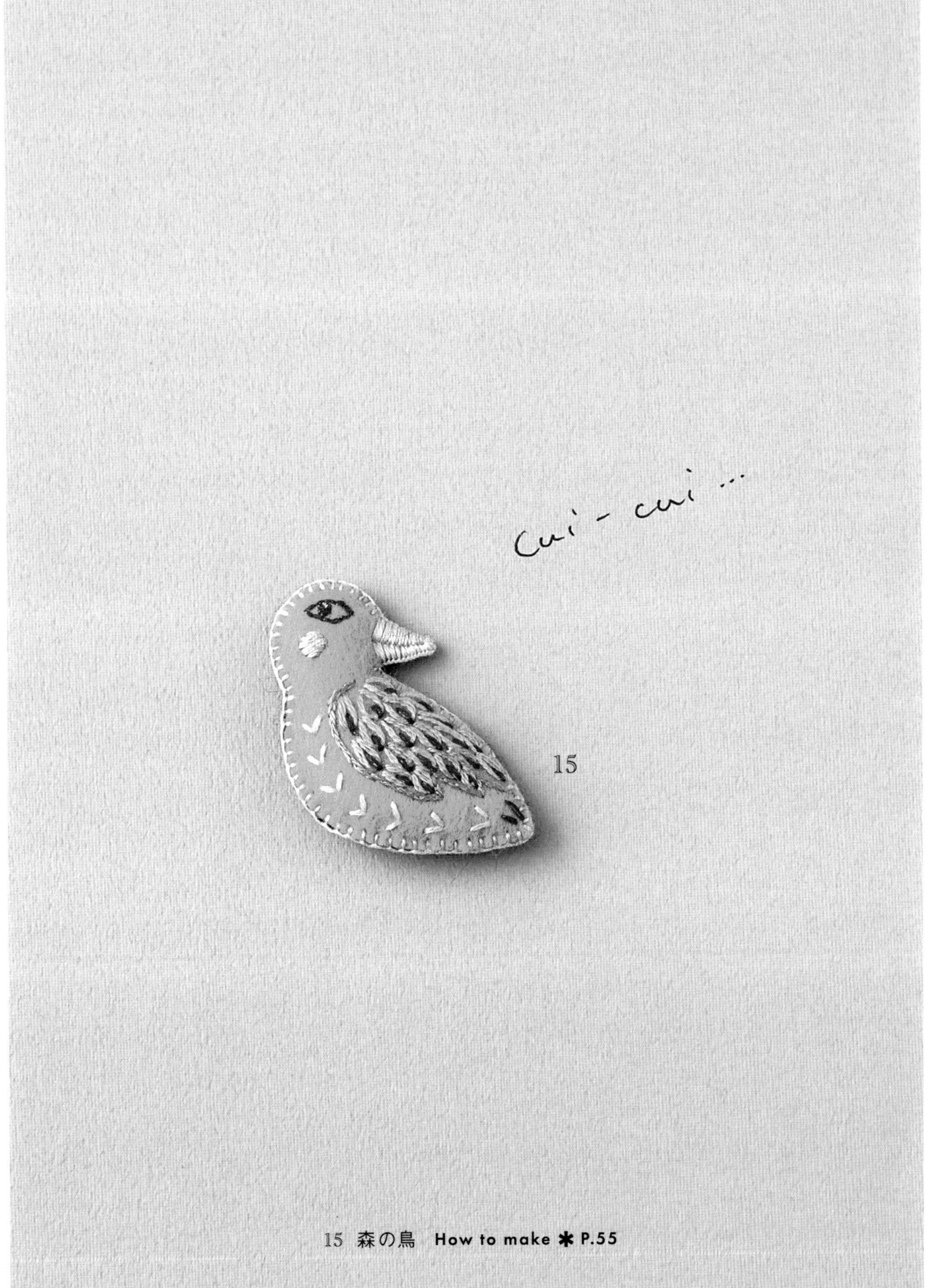
cui-cui...
15

15 森の鳥 How to make ✱ P.55

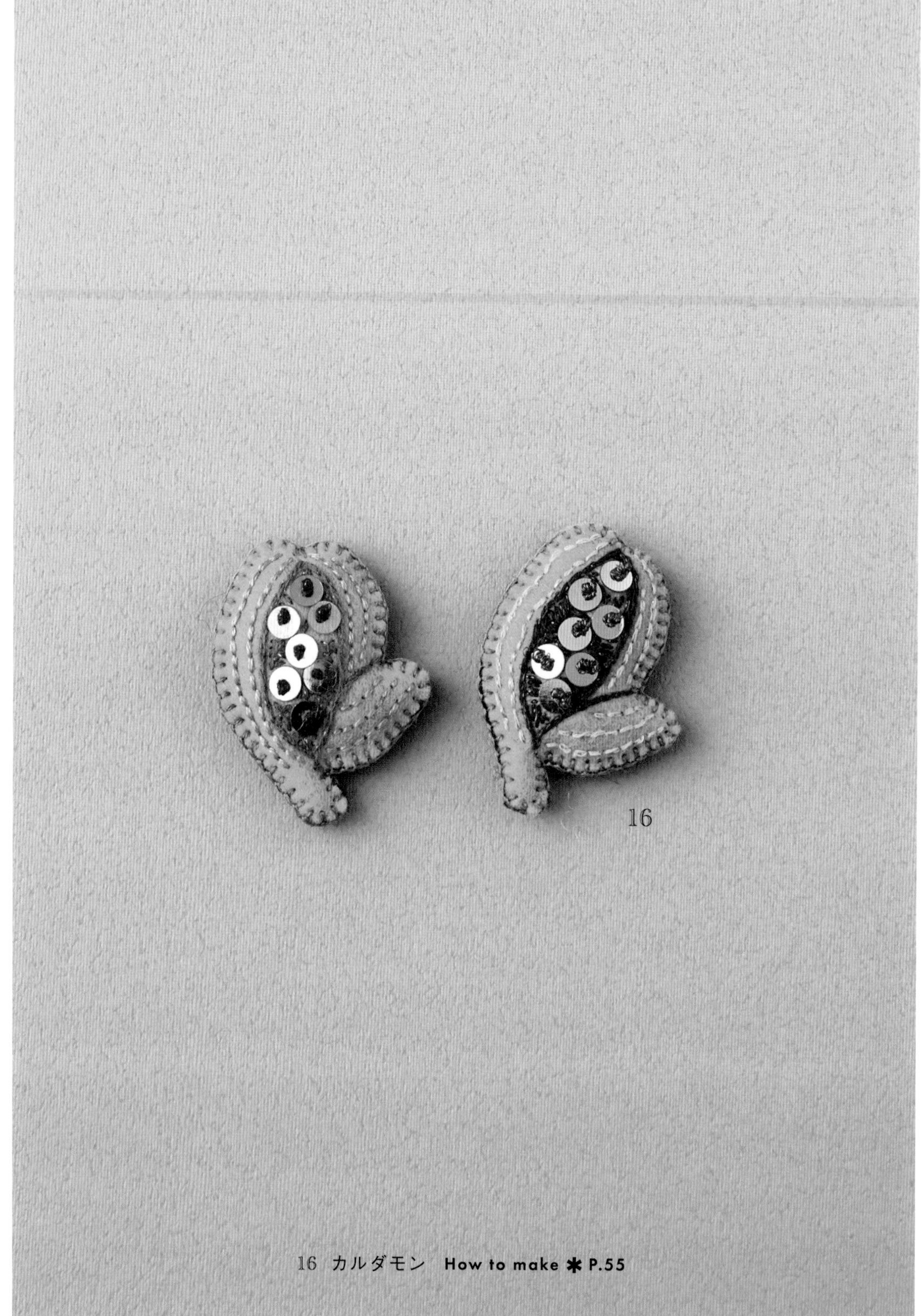
16

16 カルダモン　How to make ✱ P.55

17 オウム How to make ✱ P.56
18 インコ How to make ✱ P.57
19 カラス How to make ✱ P.78
17
18
CO✱✱…
CROA CROA～
19

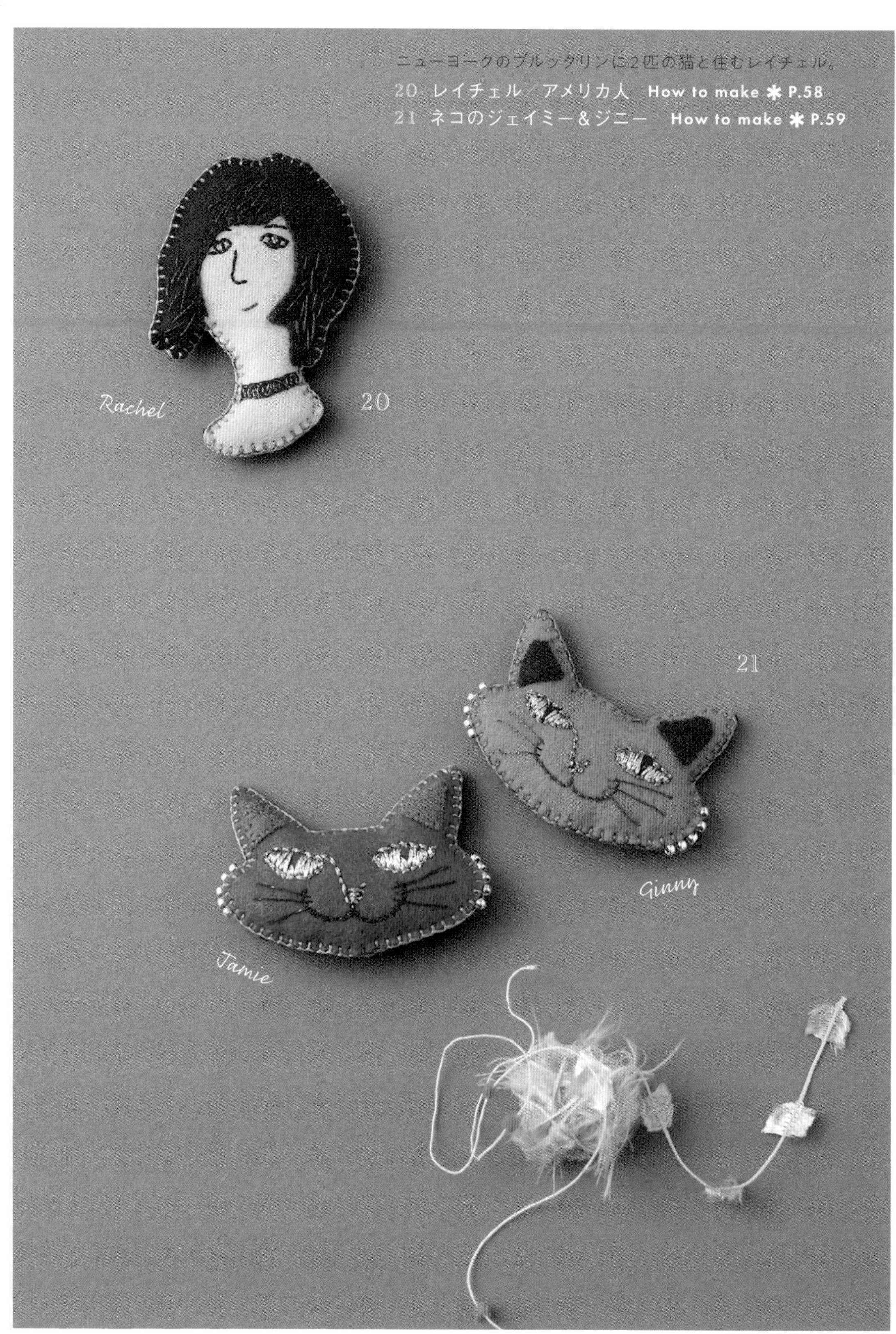
ニューヨークのブルックリンに2匹の猫と住むレイチェル。
20 レイチェル／アメリカ人 How to make ✱ P.58
21 ネコのジェイミー＆ジニー How to make ✱ P.59
Rachel
20
21
Ginny
Jamie

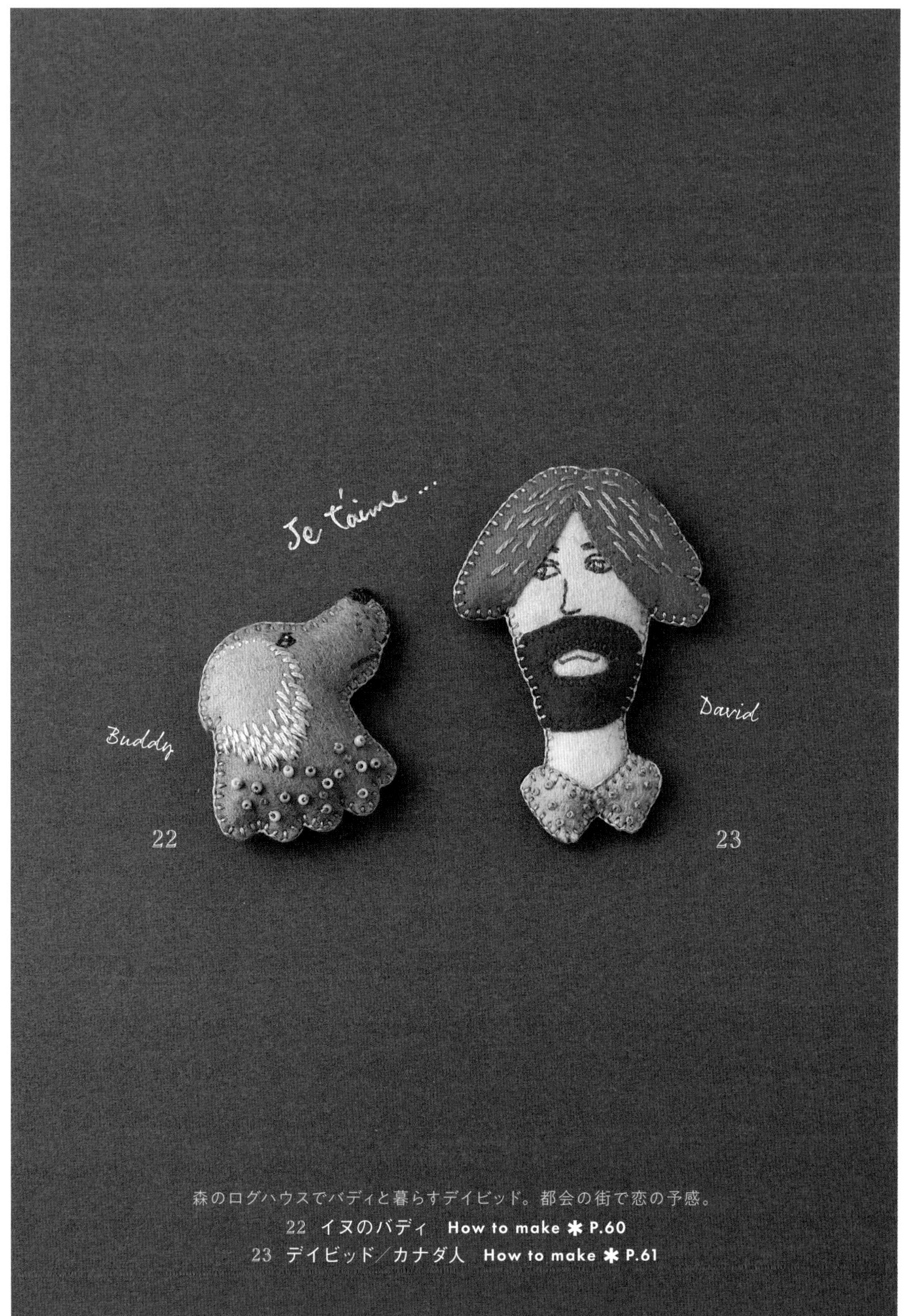
Je t'aime ...
Buddy
David
22
23

森のログハウスでバディと暮らすデイビッド。都会の街で恋の予感。

22 イヌのバディ **How to make ✱ P.60**

23 デイビッド／カナダ人 **How to make ✱ P.61**

Sugar
Sky
24
25

シュガーはビーチでカフェバーを経営している。

24 オレンジ How to make ✱ P.62

25 通称シュガー／ジャマイカ人 How to make ✱ P.63

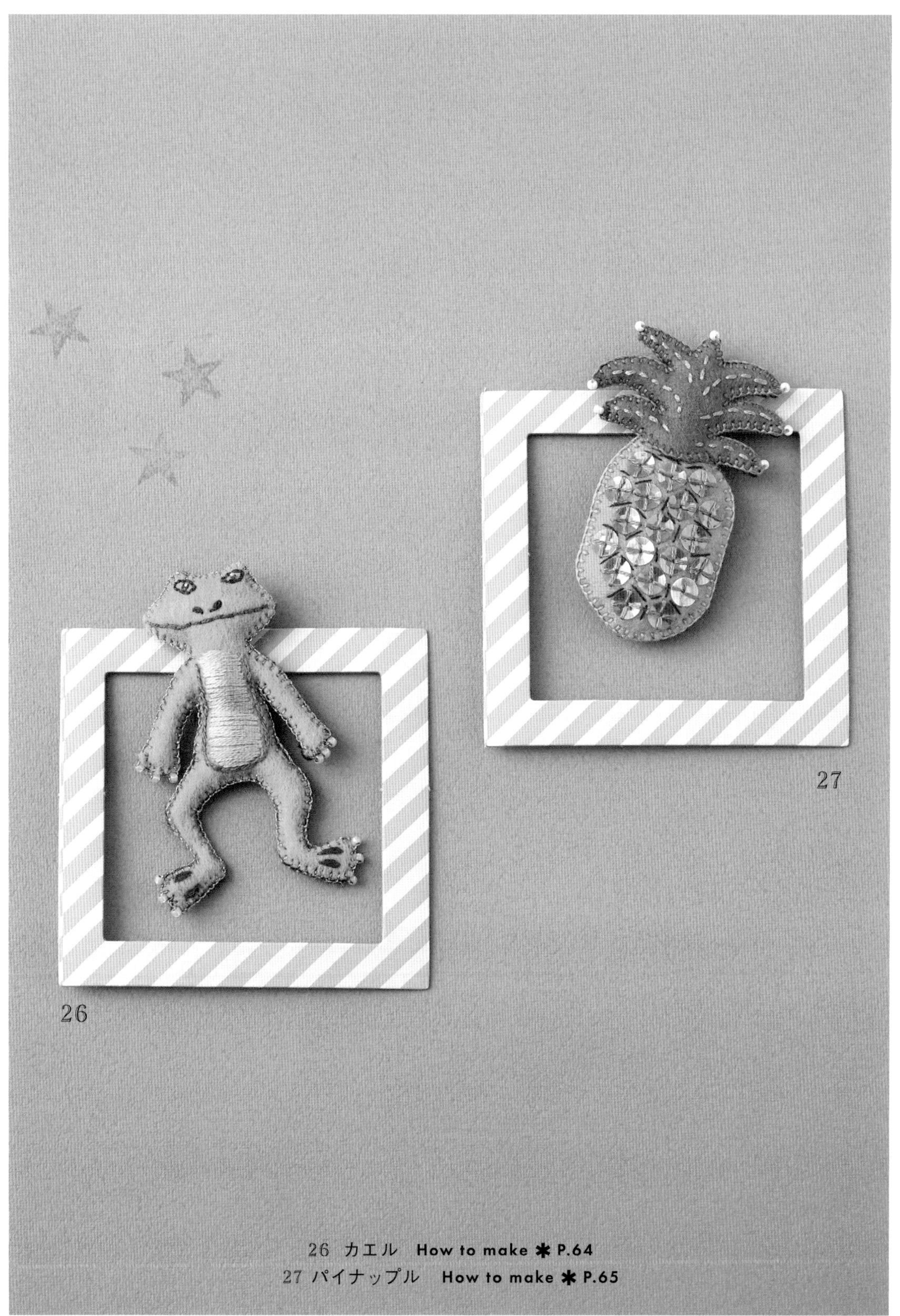

27

26

26 カエル How to make ✱ P.64
27 パイナップル How to make ✱ P.65

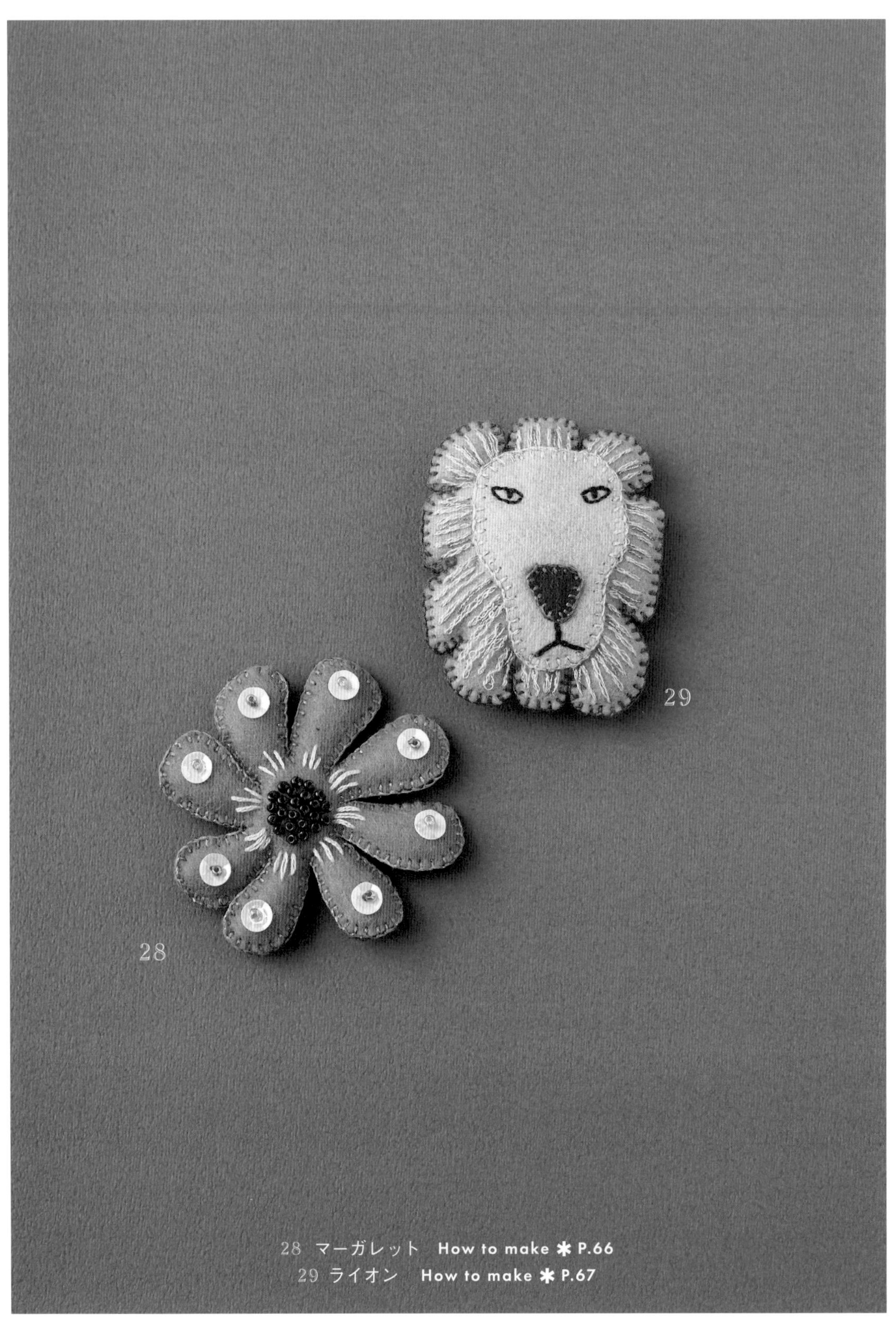
29
28

28 マーガレット　How to make ✱ P.66
29 ライオン　How to make ✱ P.67

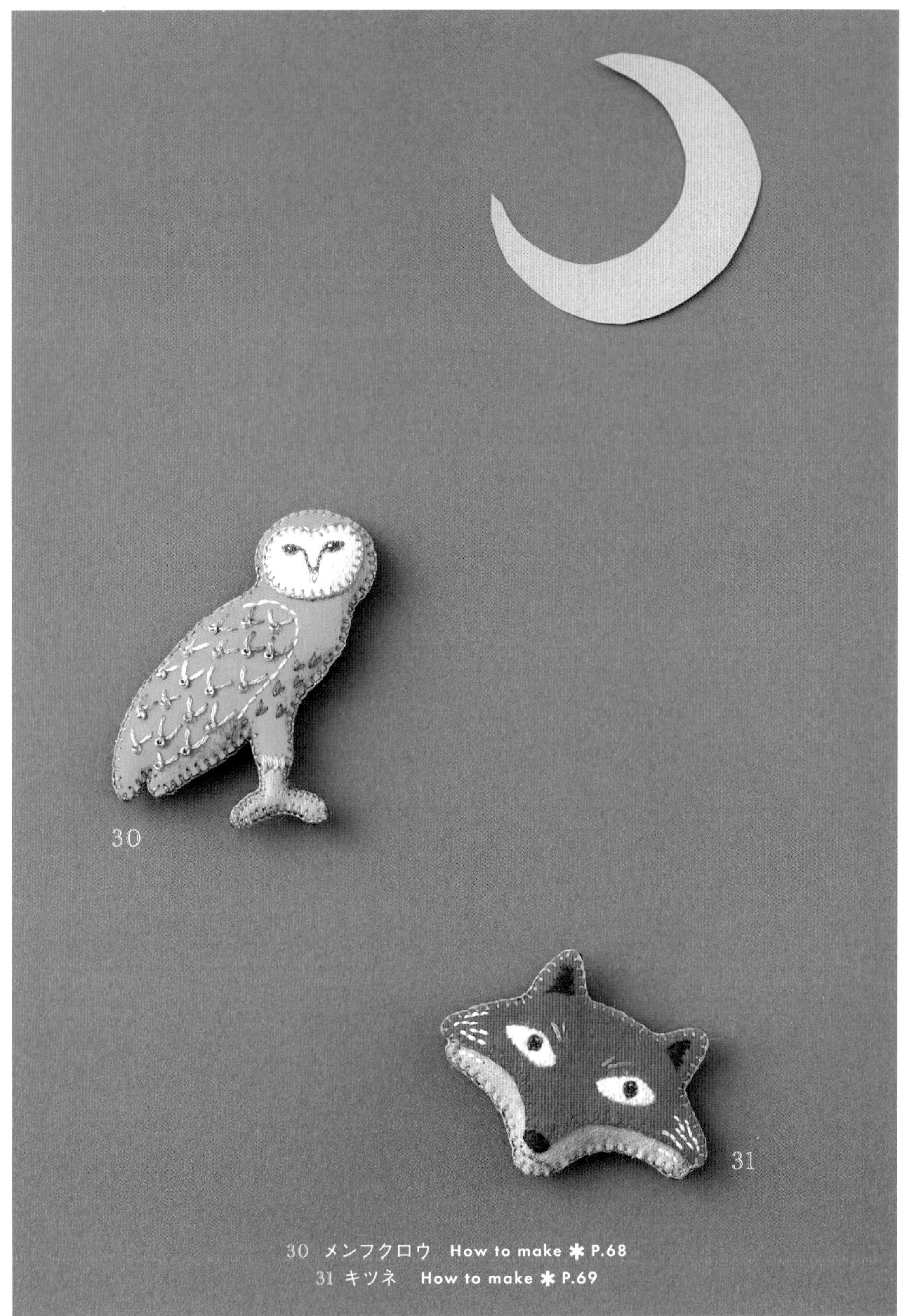
30
31

30 メンフクロウ　**How to make ✱ P.68**
31 キツネ　**How to make ✱ P.69**

32
33

32 ウサギ　How to make ✱ P.70
33 キノコ　How to make ✱ P.36

ZOO
34
35

34 キリン How to make ✱ P.71
35 サル How to make ✱ P.72

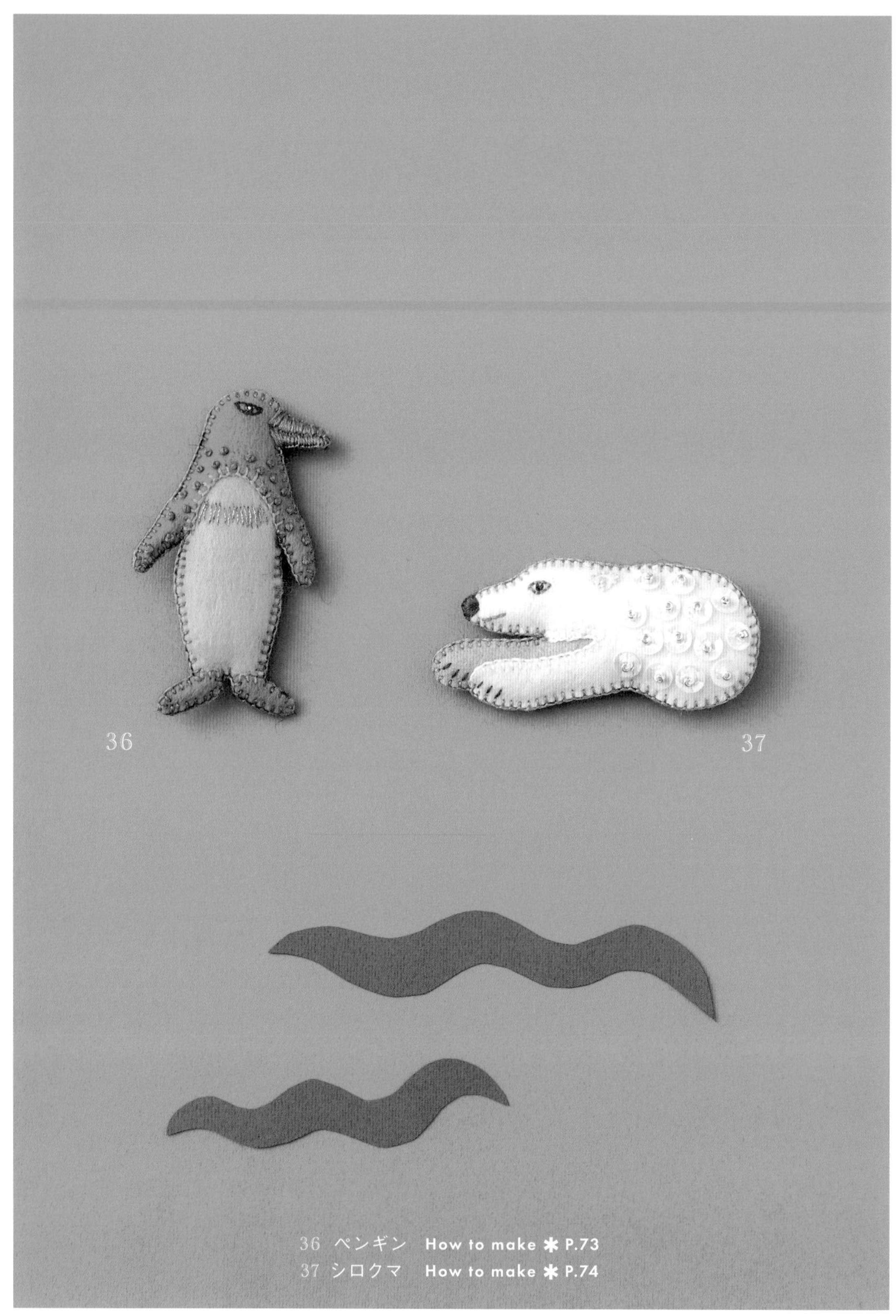
36
37

36 ペンギン　**How to make ✱ P.73**
37 シロクマ　**How to make ✱ P.74**

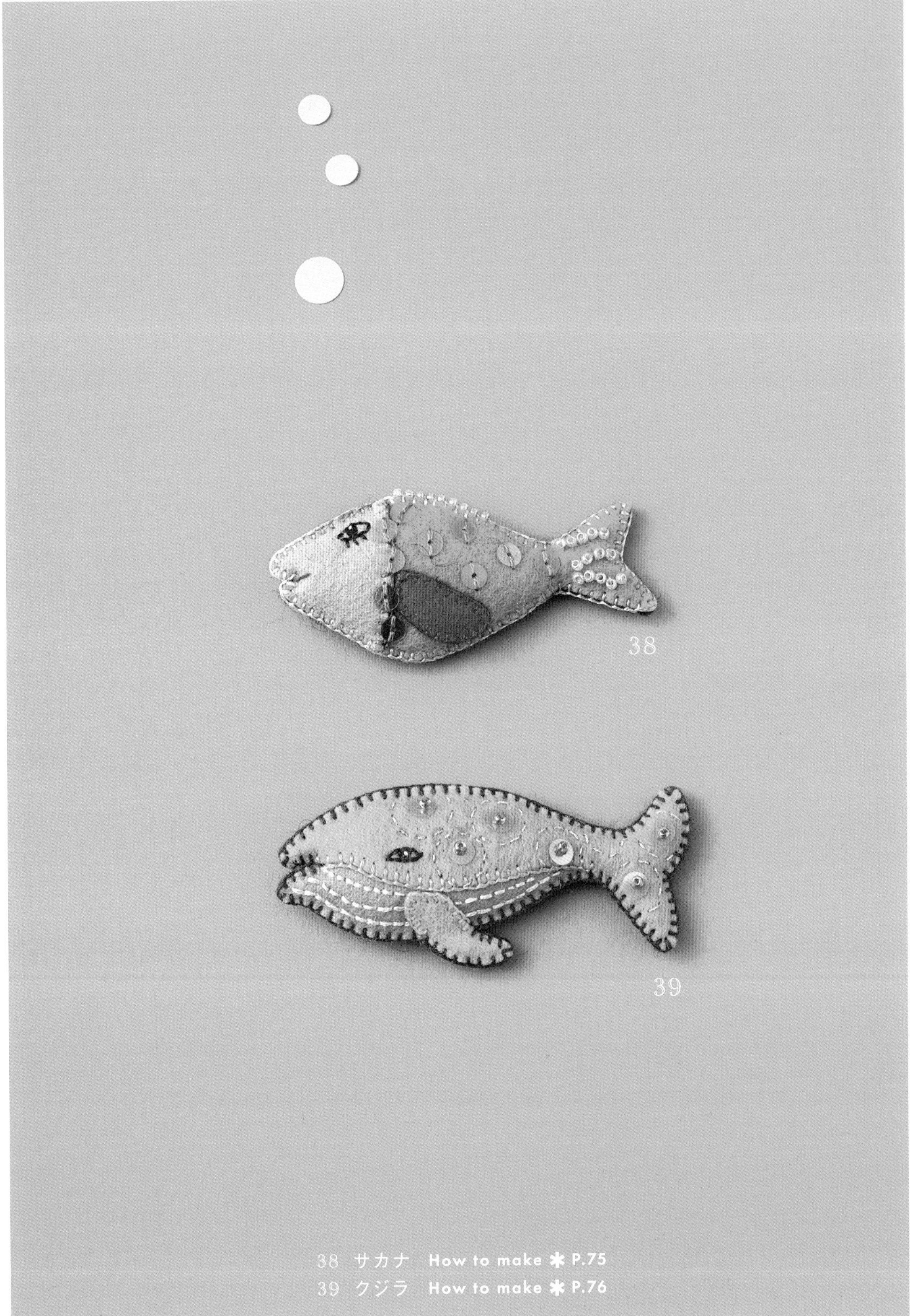
38
39

38 サカナ How to make ✱ P.75
39 クジラ How to make ✱ P.76

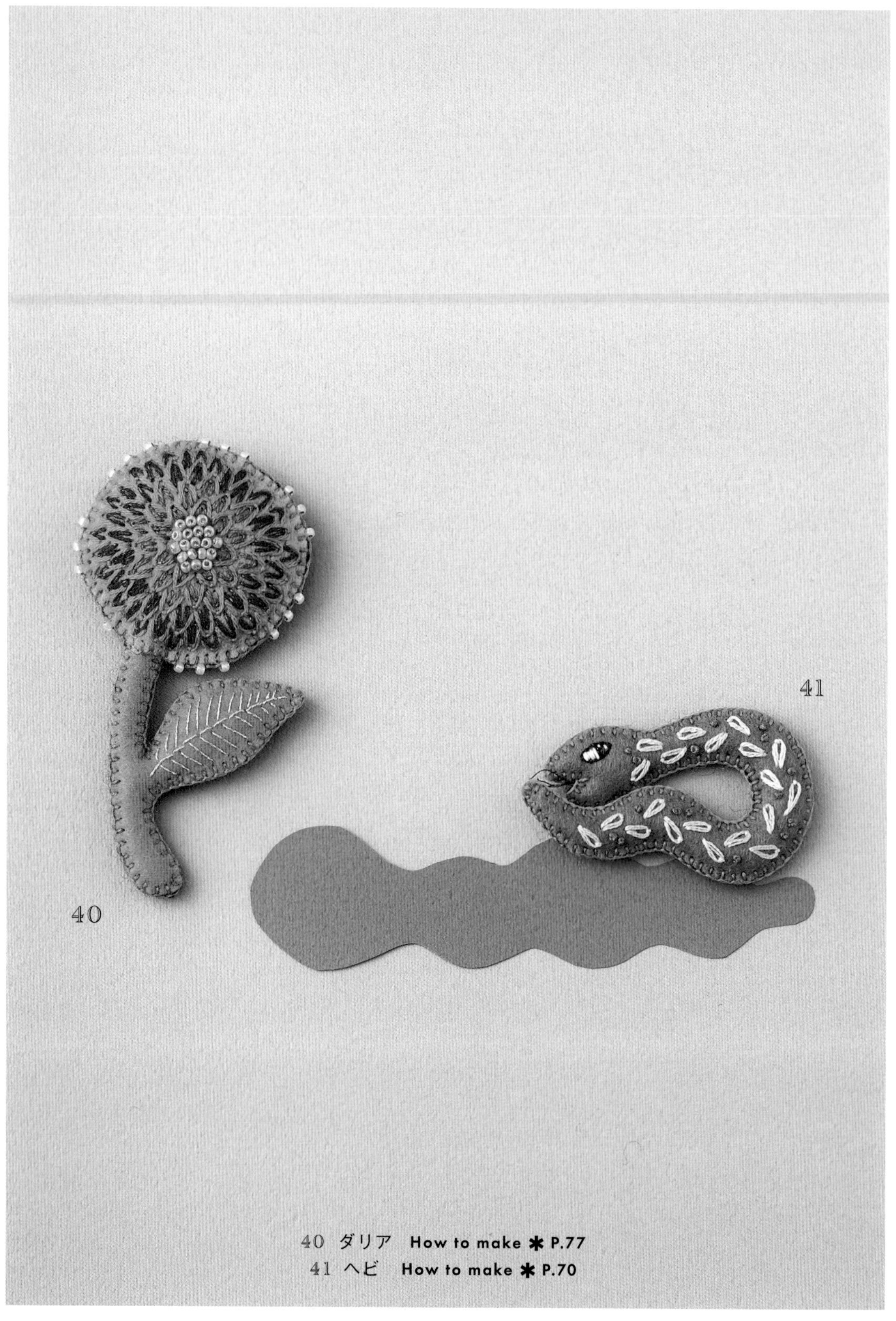
41
40

40 ダリア How to make ✱ P.77
41 ヘビ How to make ✱ P.70

42

42 バラ　How to make ✱ P.79

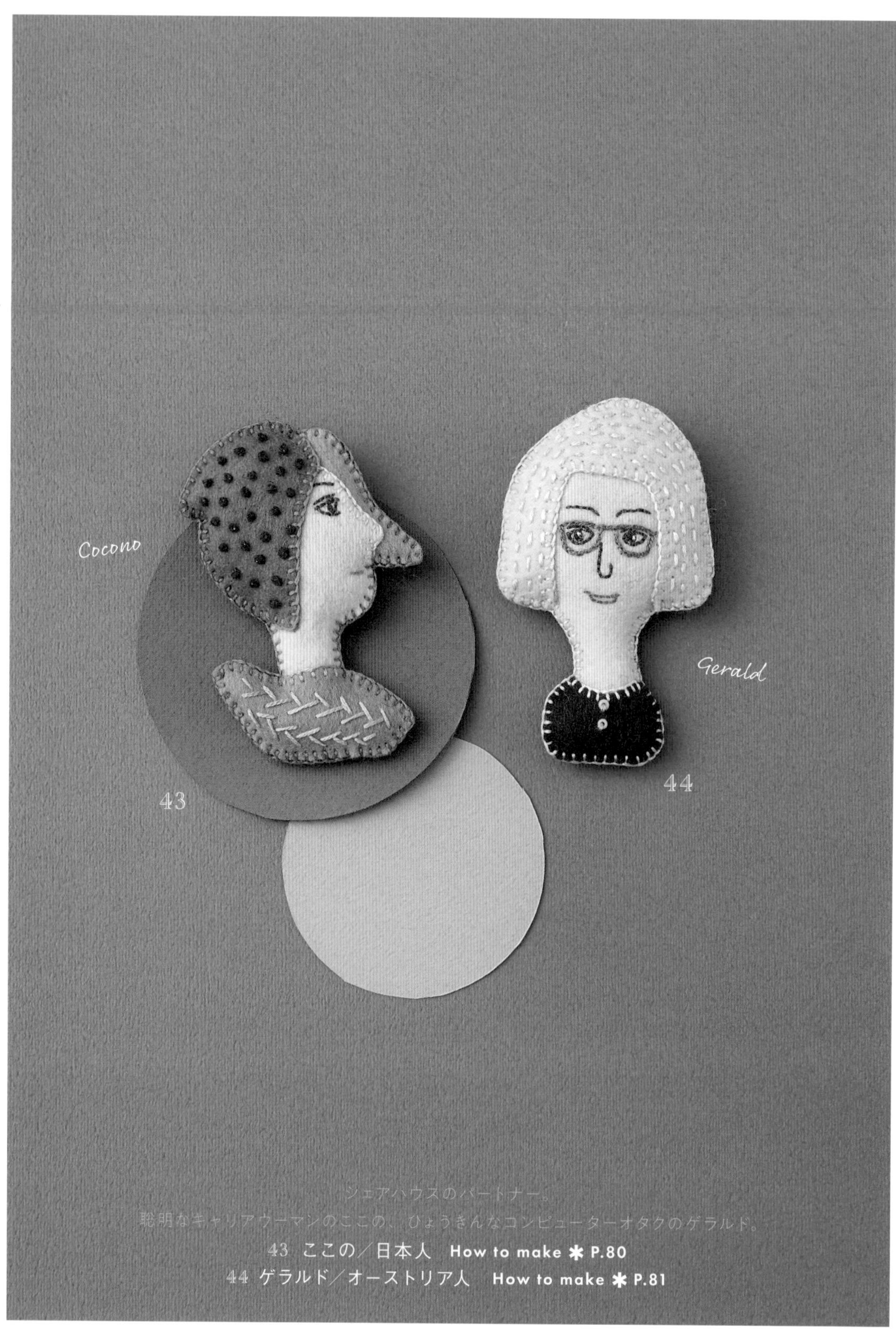
Cocono
Gerald
43
44

シェアハウスのパートナー。
聡明なキャリアウーマンのここの、ひょうきんなコンピューターオタクのゲラルド。

43 ここの／日本人 How to make ✱ P.80
44 ゲラルド／オーストリア人 How to make ✱ P.81

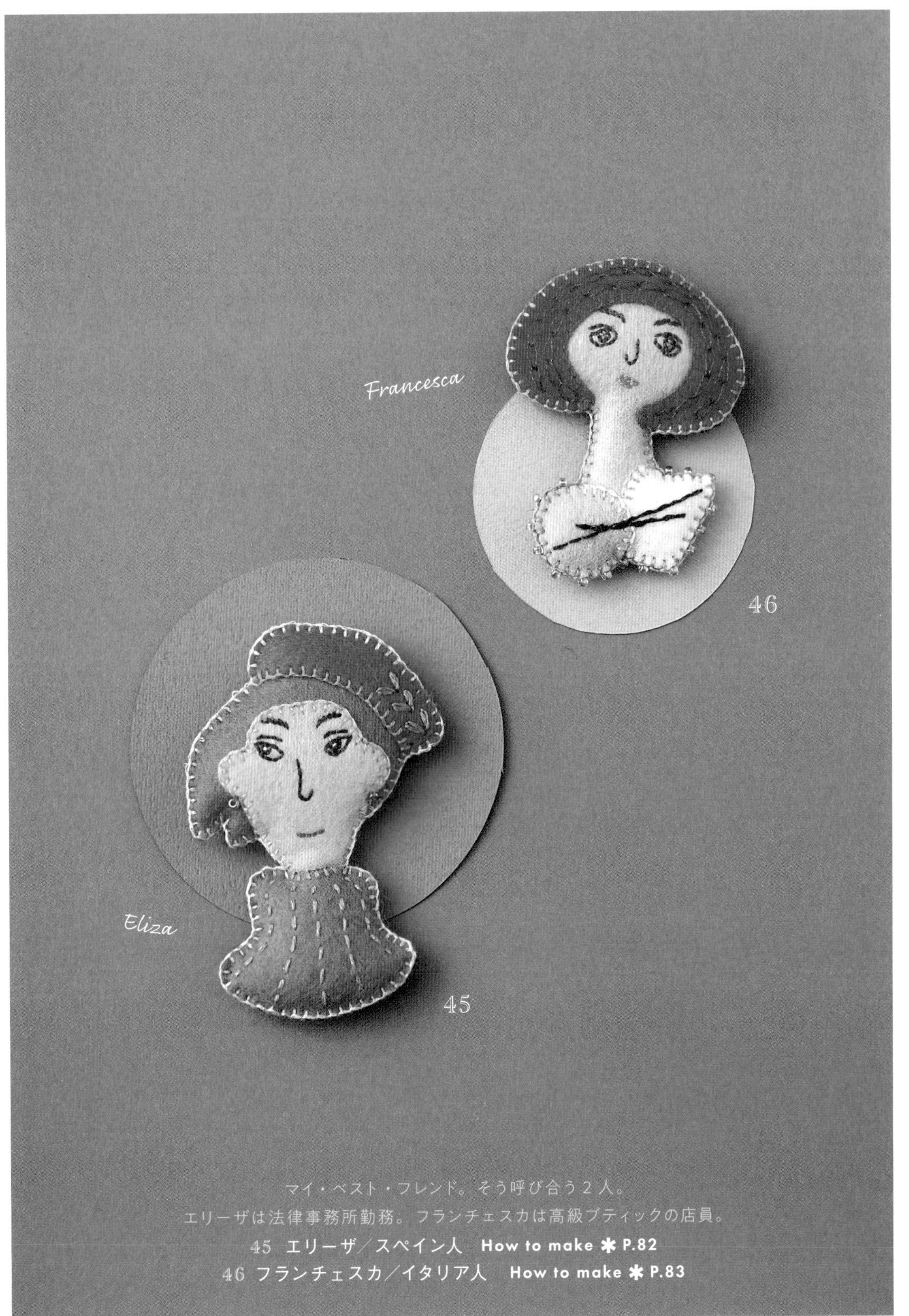
Francesca
46
Eliza
45

マイ・ベスト・フレンド。そう呼び合う２人。
エリーザは法律事務所勤務。フランチェスカは高級ブティックの店員。

45 エリーザ／スペイン人 **How to make ✱ P.82**
46 フランチェスカ／イタリア人 **How to make ✱ P.83**

47
48
49
50

47 ハリネズミ　How to make ✱ P.84
48 ハシビロコウ　How to make ✱ P.85
49 ハナミズキ　How to make ✱ P.84
50 カメ　How to make ✱ P.86

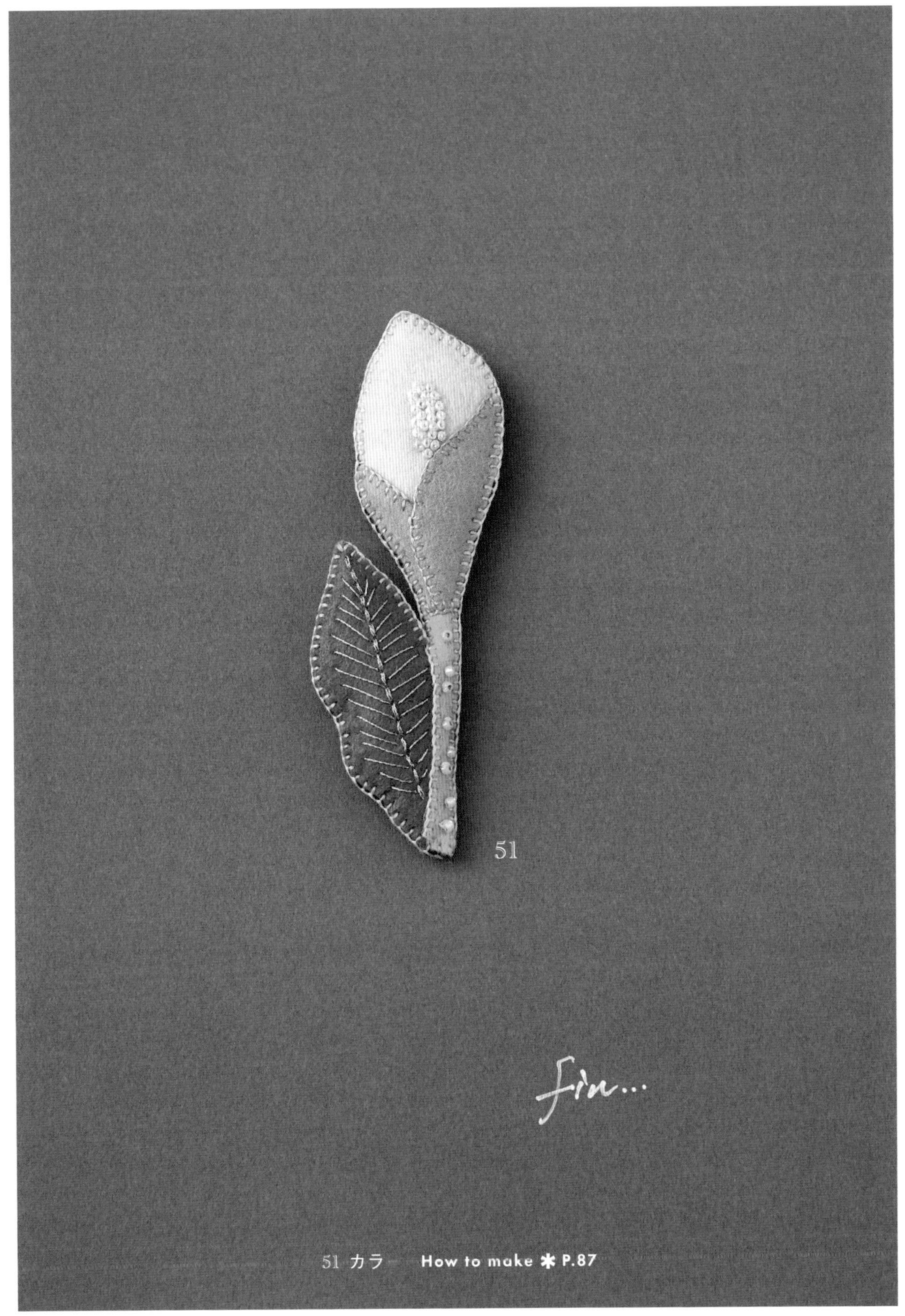
51
fin...

51 カラ　How to make ✱ P.87

Embroidery brooch　Basic lesson
刺しゅうブローチ　基礎レッスン

材料と道具のこと

本書で使用する基本的な材料と揃えておきたい道具をご紹介します。

フェルト

フェルトはウールやレーヨンなどを圧縮してシート状にした製品の総称です。切りっぱなしでもほつれないので、そのまま手軽に加工することができます。色数も豊富。本書では厚さ約1㎜のフェルトを使用しています。

作品に使用したフェルト
ミニー200
ウール60%、レーヨン40%。1枚／約20×20㎝、全70色。（サンフェルト ㊫P.88）

刺しゅう糸

一般的によく使われているのが25番糸と呼ばれる糸。細い糸を6本束ねて1本の糸になっています。25番は糸の太さを示し、数字が大きいほど細くなります。本書では25番糸を中心に、ラメ入り糸などの表情の違う糸や4番糸なども使用しています。

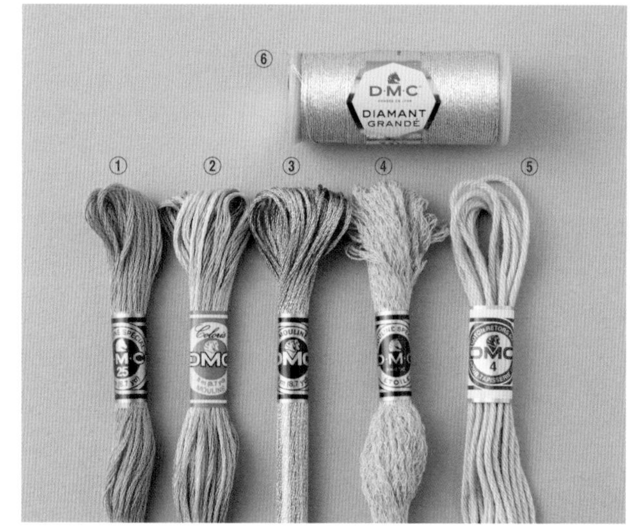
⑥
D·M·C
DIAMANT
GRANDÉ
①
②
③
④
⑤
DMC
25
DMC
DMC
4

作品に使用した刺しゅう糸
①25番糸（ムーリネ・スペシャル）
本書の作品に一番よく使用している糸。エジプト産の最高級長繊維コットン100%を使用し、500色のカラーバリエーションが魅力。
②COLORIS（コロリ）
25番段染め糸。1本の糸に4つの色がグラデーションになっています。全24色。
③ライトエフェクト
宝石のような輝きで華やかさを演出する糸。全36色。
④ÉTOILE（エトワール）
ふんわりした質感と輝きが特徴の25番ラメ入り糸。コットン73%、ナイロン27%、全35色。
⑤RETORS（ルトール）
太めでマットな色が特徴の4番糸。最高級長繊維コットン100%を使用。全285色。
⑥DIAMANT GRANDÉ（ディアマント グランデ）
メタリック刺しゅう糸。25番糸の4本どりと同じ太さ。ゴールド、シルバーを含む全6色。
（すべてDMC ㊫P.88）

丸小ビーズ

外径約2.0〜2.2㎜の丸みを帯びたビーズ。手芸店で最も手に入りやすいビーズのひとつ。

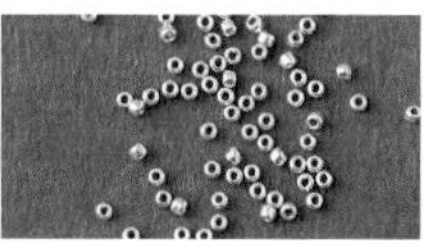

スパンコール

金属やプラスチックなどでできた平たい装飾用素材です。平丸や亀甲などの形があります。

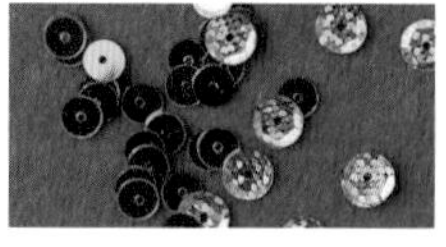

道具

①トレーシングペーパー
型紙＆図案を写すために使います。

②手芸バサミ
糸を切る道具。細かい作業が多いので、先が細く、よく切れるものを揃えましょう。

③刺しゅう針
本書の作品では針先のとがったフランス刺しゅう針（25番糸2～3本どり用の7～10番針と4番糸1本どり用3、4番針）を使用。

④えんぴつ
型紙＆図案をトレーシングペーパーに写すために使います。細かい図案は先の細いシャープペンシルなどでもOK。

⑤熱転写ペンシル
フェルトに図案を写すためのペン。転写した線は消せないので、ずれないように注意して。

①
②
③
④
⑤

作り始める前に

刺しゅう糸の扱い方を覚えて、スムーズに作業を進めましょう。

刺しゅう糸の準備

25番糸は6本の細い糸を1束にした糸です。
作り方に「○本どり」とある場合、このうちの何本かを引き揃えて使うことを示しています。

◆ 刺しゅう糸の引き揃え方

1

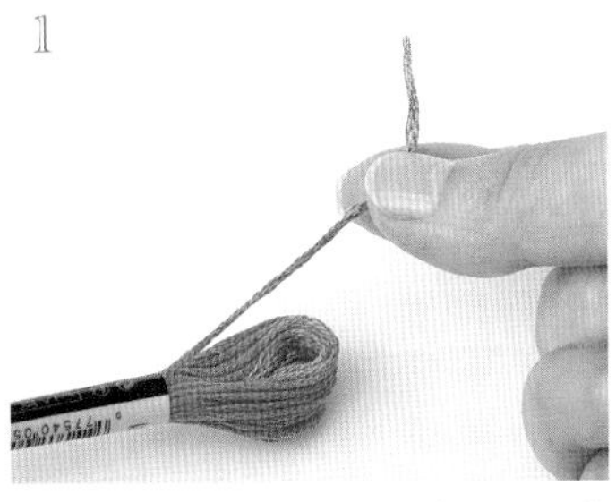

ラベルが抜けないように押さえ、約50cmを目安に糸端（6本のまま）を引き出してカットする。

2

カットした糸の撚りを軽くほどいて1本ずつ引き抜く。

3

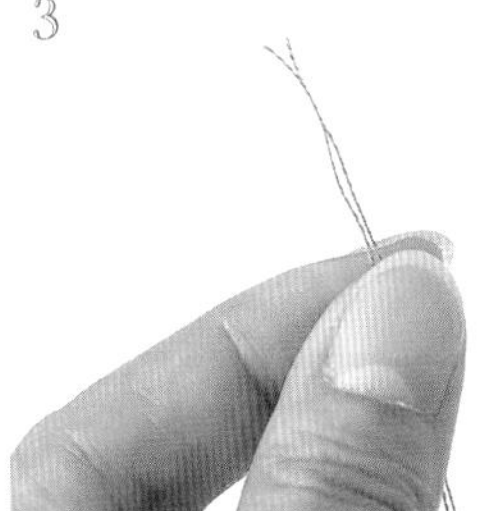

必要な本数をたるまないように揃える（2本どりなら2本）。これを針に通して刺しゅうする。

基本は2本どり

縁まわり、パーツ同士の縫い合わせ、模様の刺しゅうは2本どりです。
人物や動物の目、鼻、口も指定以外は2本どりです。

細かいところは1本で刺します

植物の葉脈、猫のひげ、髪の毛の流れ、動物のたてがみの一部など、細かな部分は1本どりです。

基本の作り方

図案の写し方から作品の多くに使われる基礎のテクニックを紹介します。

図案の写し方

熱転写ペンシルを使う場合

やわらかいフェルトに図案を写すのはなかなか難しい作業です。図案を写したトレーシングペーパーの上から刺すなど、いくつかの方法がありますが、本書では比較的、細部まで写しやすい熱転写ペンシルを使う方法を紹介します。ただし、熱転写ペンシルで写した線は洗っても消えないので、図案の表裏や位置を間違えないように注意しましょう。

1
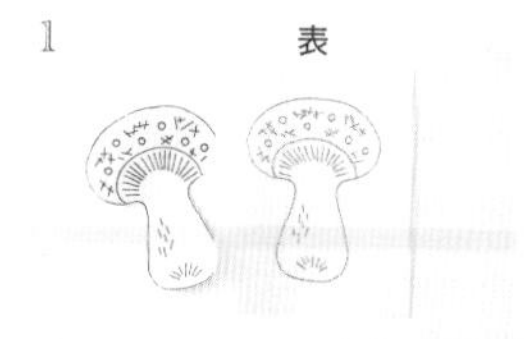
表
図案をトレーシングペーパーにえんぴつで写す。

2
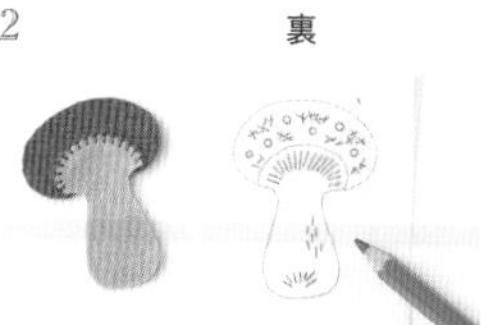
裏
トレーシングペーパーを裏返し、熱転写ペンシルで透けて見える図案の線をなぞる。

3
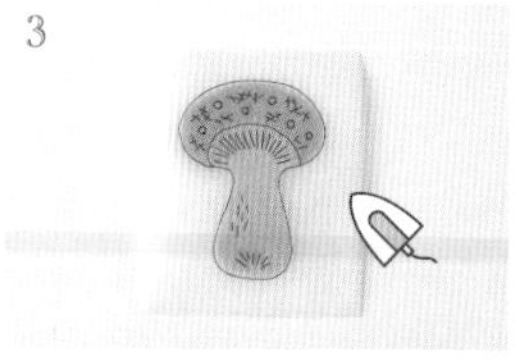
フェルトの表側に熱転写ペンシルで描いた面が当たるようにトレーシングペーパーを重ね、アイロンで上からずれないように押さえる。
※フェルトは表面のパーツを縫い合わせておく。

4
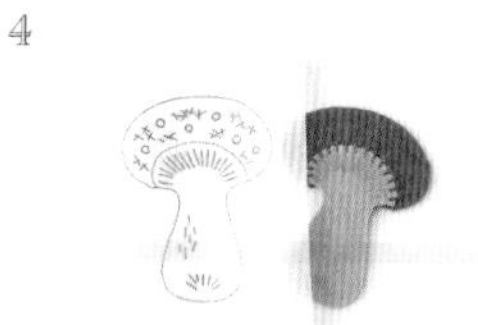
熱転写したところ。
※線の色が薄くても、一度トレーシングペーパーを外したら再度アイロンを当てないようにする（ずれの原因になるため）。

縫い方の基礎

◆刺し始めの玉結び

作品は刺し始めがフェルトの裏側になるので、手縫いで使う玉結びでスタートします。

1
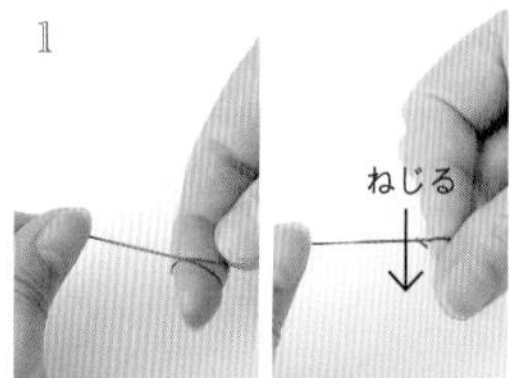
ねじる
人差し指に糸を1周巻き、親指で糸の交点を押さえてねじる。

2
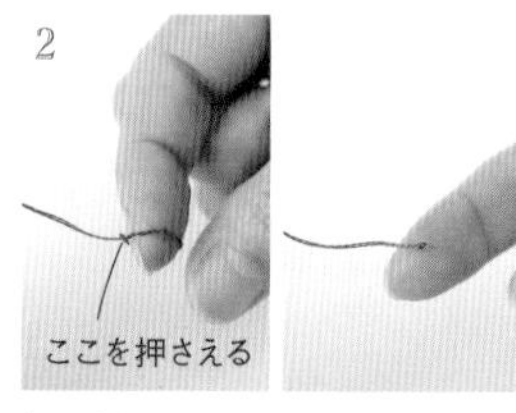
ここを押さえる
糸の輪から人差し指を抜き、中指と親指で撚り合わせた部分を押さえて糸を引くと、糸端に玉結びができる。

3
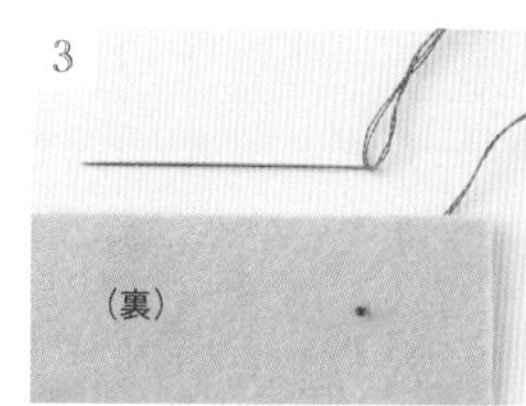
（裏）
刺し始めはフェルトの裏側から表側に向かって針を刺し、玉結びが裏側になるようにする。

◆刺し終わりの玉留め

刺し終わり位置まできたらフェルトの裏側に糸を出し、結び玉を作って留める方法です。

1
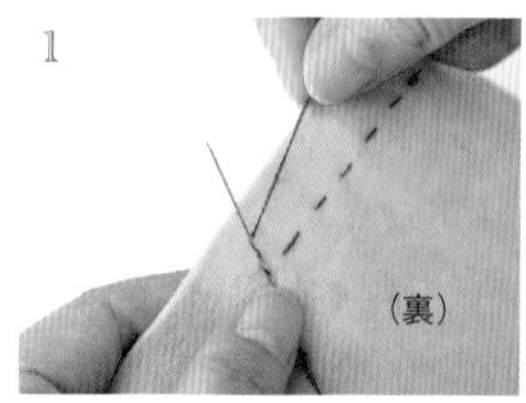
（裏）
フェルトの裏側に針を出し、フェルトから浮かないように押さえ、針に糸を2〜3回巻きつける。

2
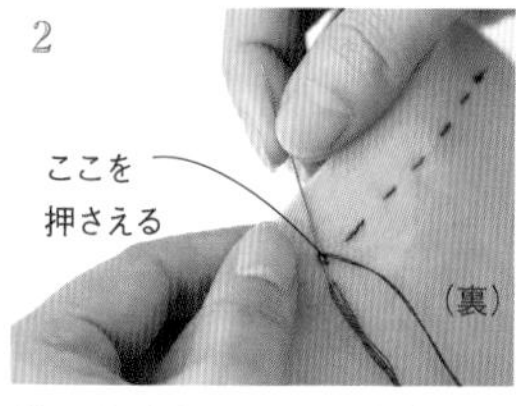
ここを
押さえる
（裏）
巻いた糸とフェルトを押さえたまま、針を引き抜く。

3
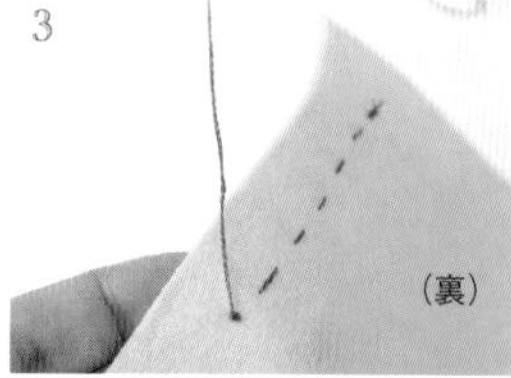
（裏）
結び玉ができた。余分な糸はカットする。

よく使うテクニック

◆たてまつり

パーツを縫い合わせたり、アップリケを縫いつける時に使います。細かく刺すとしっかりつけることができます。

1
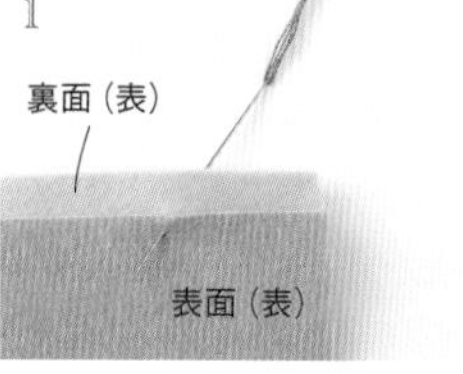
裏面（表）
表面（表）
裏面から表面に針を刺す。

2
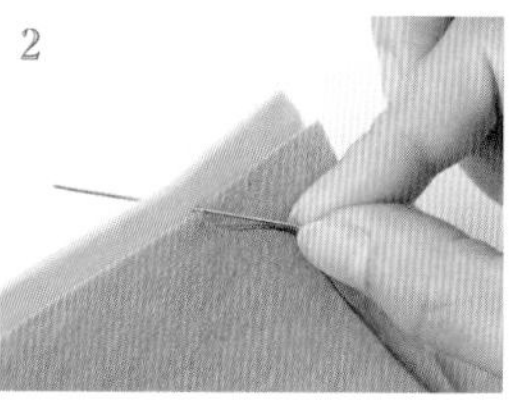
表面のフェルトの端に対して直角に針を入れる。

3

たてまつりが1目刺せた。同様に続けて刺す。

◆ブランケットステッチ1

2枚を合わせてとじる

縁かがりによく使われるステッチ。オープンボタンホールステッチとも呼ばれます。

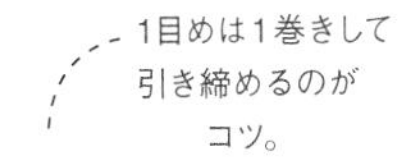
1目めは1巻きして
引き締めるのが
コツ。

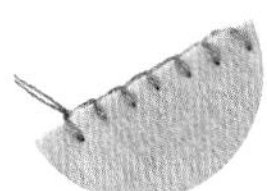

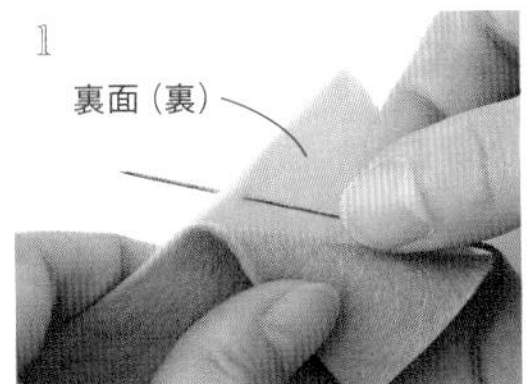
1
裏面（裏）

裏面のフェルトの裏側から針を刺す。

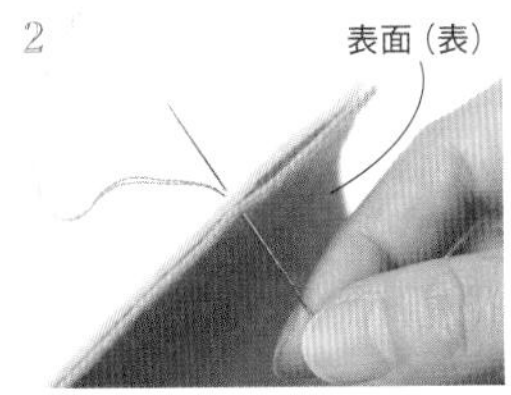
2
表面（表）

続けて同じ位置に表面のフェルトから針を刺す。

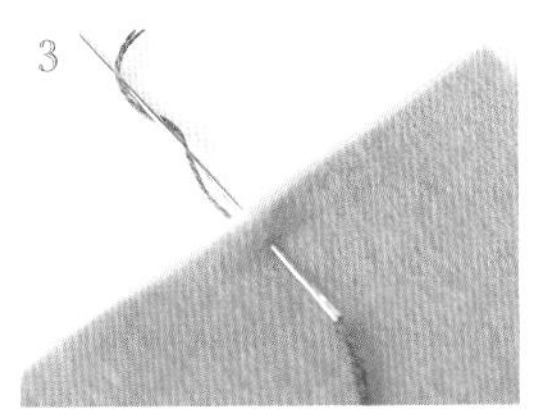
3

針先に糸を1巻きして、巻き位置がフェルトの端にくるように押さえながら針を引き抜く。

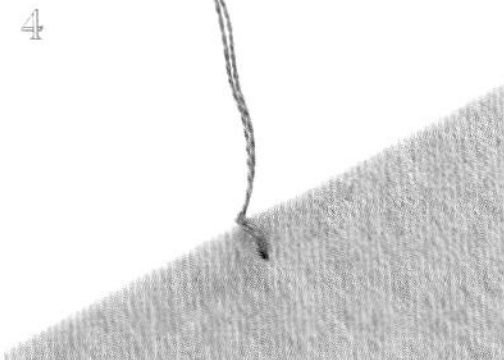
4

1目めが刺せた。こうすると1目めが横に倒れにくくなる。

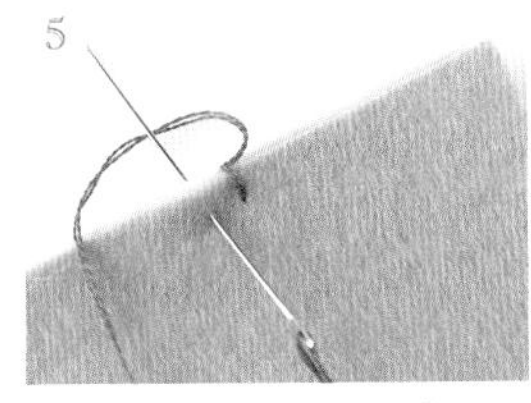
5

2目めからは表面から裏面に針を出し、糸をかけて引き抜く。

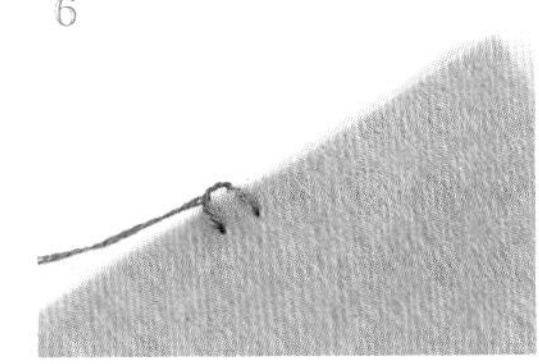
6

2目めが刺せた。同様に続けて刺す。

◆ブランケットステッチ2

ビーズを入れて刺す

縁まわりに丸小ビーズの飾りが並ぶステッチの仕方です。ビーズは1個ずつ送り込みます。

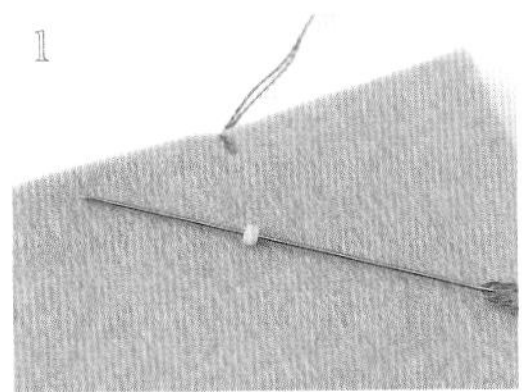
1

1目めをブランケットステッチ1と同様に刺し、丸小ビーズを1個、針に通す。

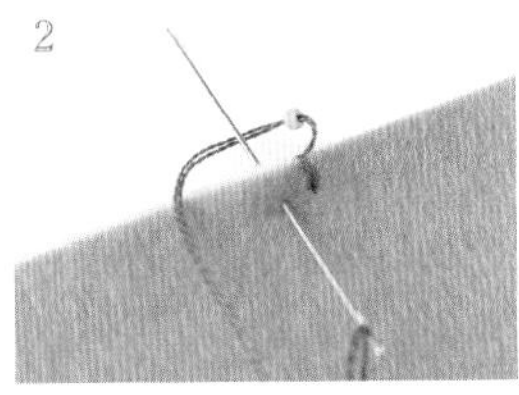
2

丸小ビーズを糸へ送り込み、表面から裏面に針を出し、糸をかけて引き抜く。

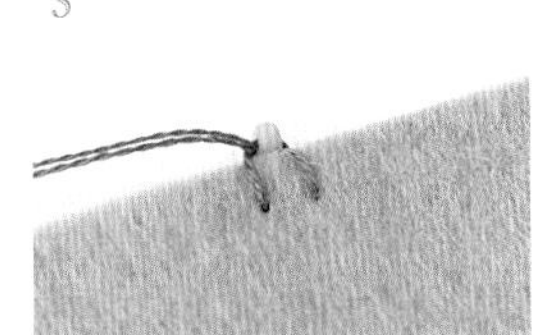
3

フェルトの縁にビーズが1個ついた。同様に続けて刺す。

◆スパンコールのつけ方

光を反射してキラリと光るスパンコール。表面に糸を渡してとめつける A 、ビーズでとめつける B の2つの方法を紹介します。

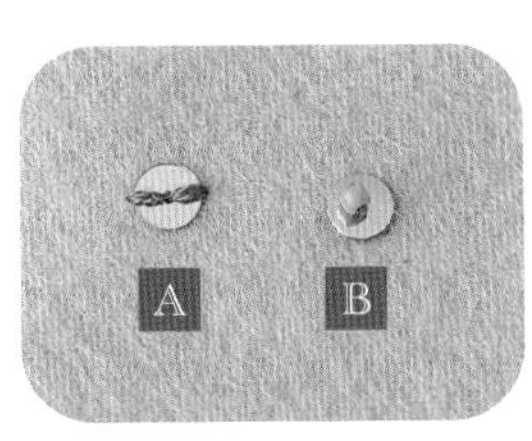
A
B

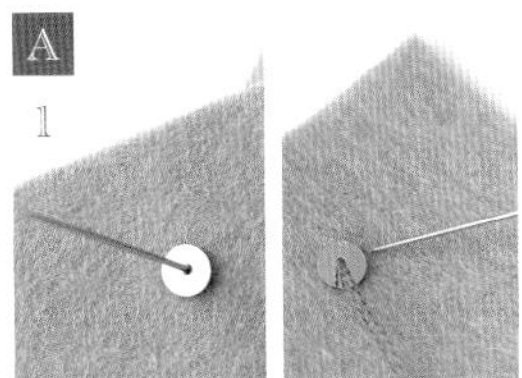
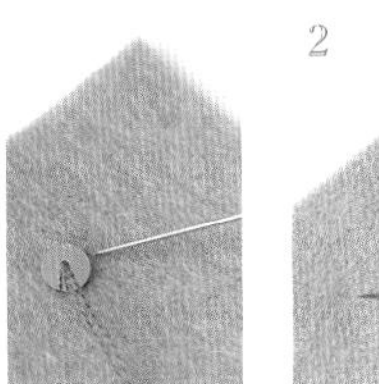
A
1

スパンコールの中央の穴から針を出し、右端の際に針を刺す。

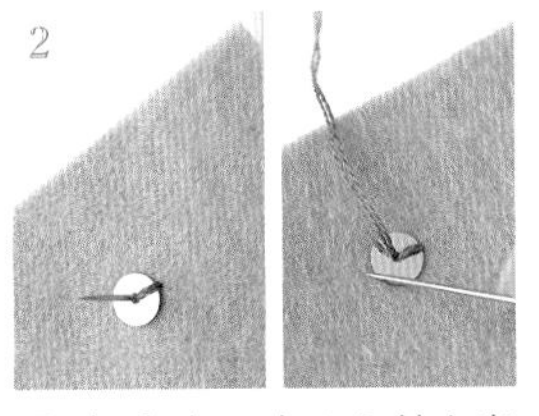
2

再び、中央の穴から針を出し、左端の際に針を刺す。

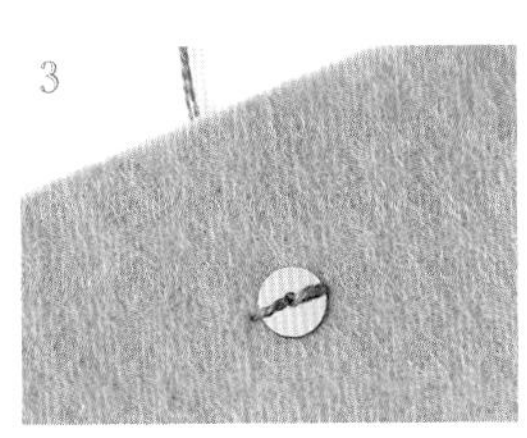
3

1個の場合は裏で玉留めする。2個以上の場合は同様に続けて刺し、最後に玉留めする。

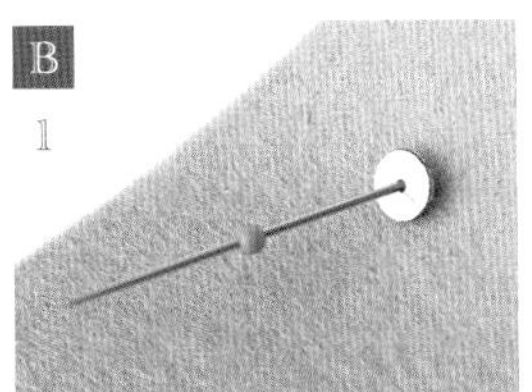
B
1

スパンコールと丸小ビーズを針に通す。

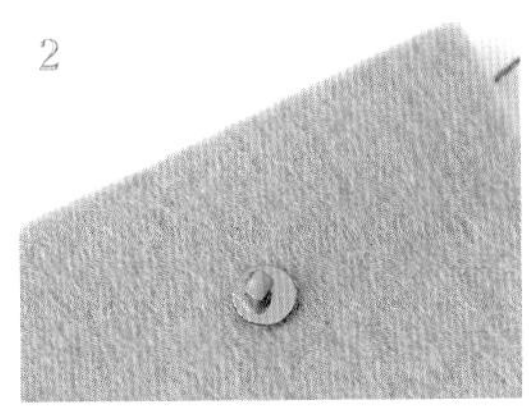
2

針を引き抜いて、再度スパンコールの穴に通して糸を引く。

3

1個の場合は裏で玉留めする。2個以上の場合は同様に続けて刺し、最後に玉留めする。

Lesson キノコを作ってみましょう

33 キノコ (Photo ✱ P.22) を作りながら刺しゅうブローチを作る手順を覚えましょう。

A
B

材料　＊フェルトはミニー200を各1枚、刺しゅう糸は1束から必要量を使う

A
フェルト　チェリー(116)、サンド(273)、黒(790)
刺しゅう糸　ターコイズ(3846)、グレージュ(524)、ローアンバー(680)、フォレスト(987)、ラメ青(E3843) ÉTOILE ピンク(C915)、黄緑(C907)

B
フェルト　モスグリーン(444)、レモン(313)、黒(790)
刺しゅう糸　つゆ草(155)、レモン(307)、からし(728)、ライトカーキ(3012)、緑(910)、ラメ紫(E718)、ÉTOILE 濃オレンジ(C900)

A・B 共通(1個分)
その他　直径5mmの平丸スパンコール(金)6個、わた少量、ブローチピン1個、手縫い糸

作り方　＊キノコAで解説

1　フェルトをカットします

※P.37の型紙と図案参照

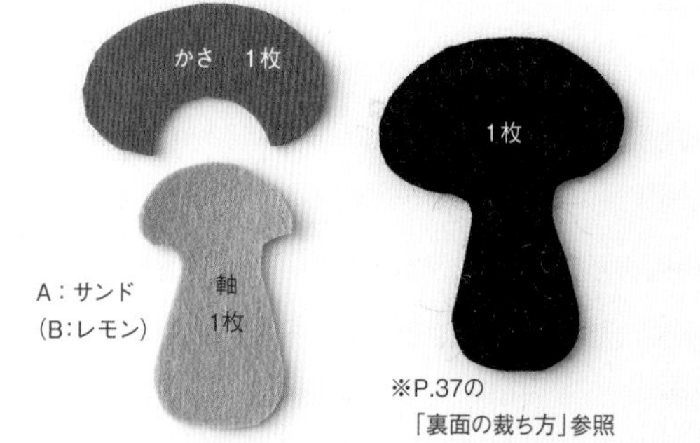

表面　A：チェリー(B：モスグリーン)
裏面　A・B 共通：黒
かさ　1枚
1枚
A：サンド
(B：レモン)
軸
1枚
※P.37の
「裏面の裁ち方」参照

2　表面のパーツを重ねて縫い合わせ、図案を写して刺しゅうします

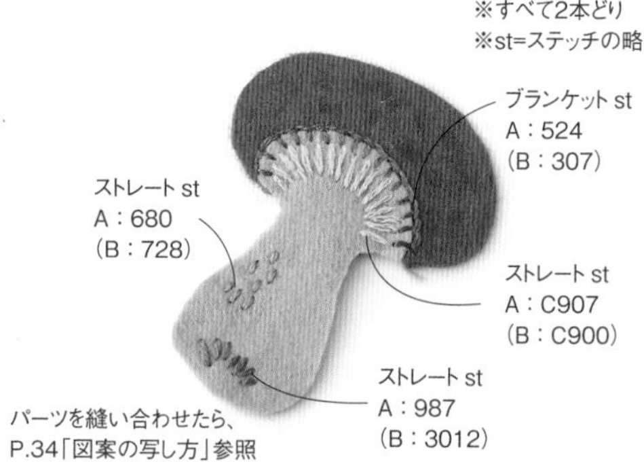

※すべて2本どり
※st=ステッチの略
ブランケット st
A：524
(B：307)
ストレート st
A：680
(B：728)
ストレート st
A：C907
(B：C900)
ストレート st
A：987
(B：3012)
パーツを縫い合わせたら、
P.34「図案の写し方」参照

パーツ同士はブランケットステッチで縫い合わせます　✱P.34「縫い方の基礎」参照

※わかりやすいように作品とは糸の色を変えて解説

1

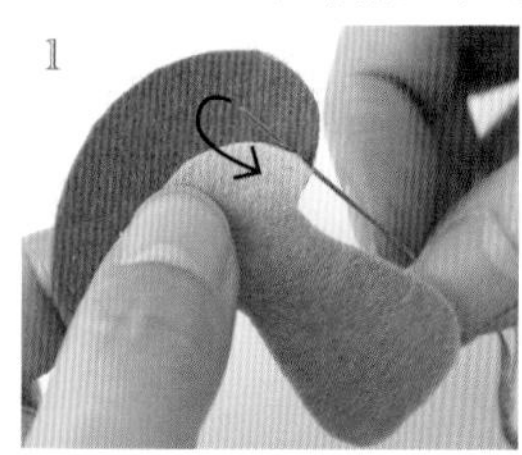

かさのパーツつけ位置に軸を上から重ね、かさの裏側から軸のフェルトの際に針を出す。続けて軸の表側に針を入れる。

2

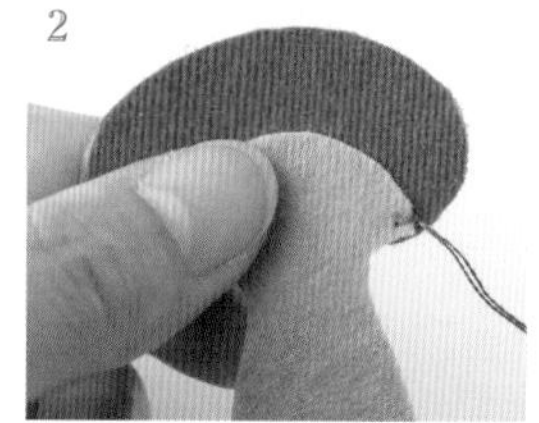

1目めはP.35「ブランケットステッチ1」の1目めと同様に刺す。

3

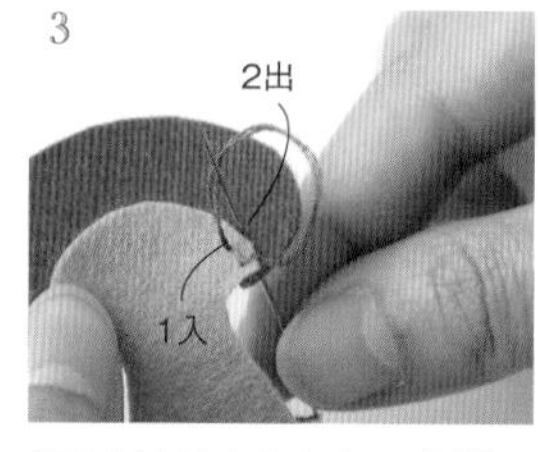

2出
1入

2目めは軸からかさの裏側に針を刺し、再び裏側から軸のフェルトの際に針を出して糸の輪の中を通す。

4

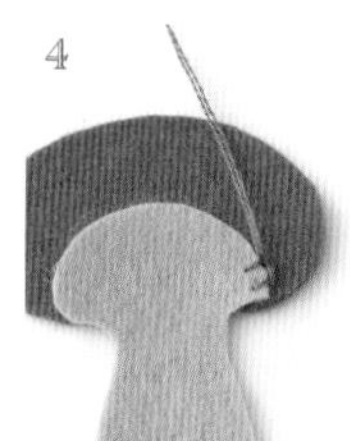

糸を引いて引きしめる。2目めが刺せた。同様に3をくり返す。

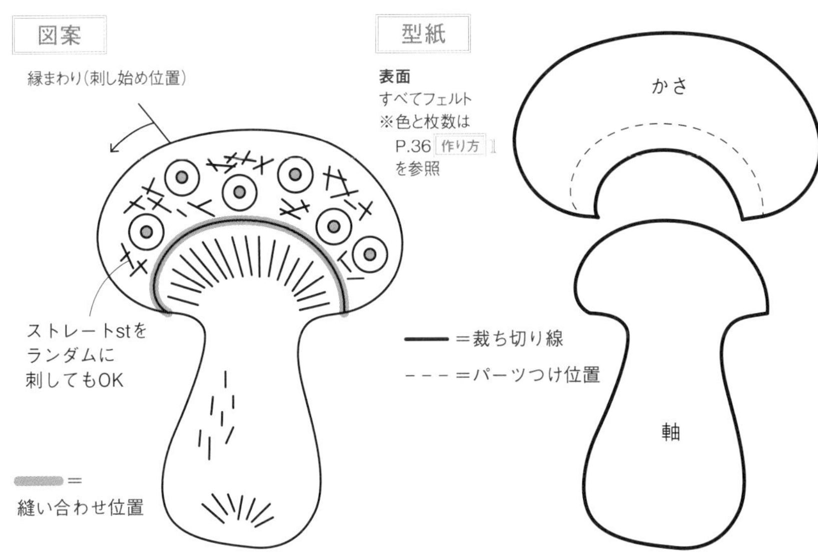
図案
縁まわり（刺し始め位置）
ストレートstを
ランダムに
刺してもOK
＝
縫い合わせ位置
型紙
表面
すべてフェルト
※色と枚数は
P.36 作り方 1
を参照
かさ
軸
＝裁ち切り線
＝パーツつけ位置

裏面の裁ち方

フェルト

A・B： 黒 各1枚

図案の輪郭線より少し大きめにフェルト（黒）をカットし、完成した表面のパーツと重ね、余り部分をカットする。

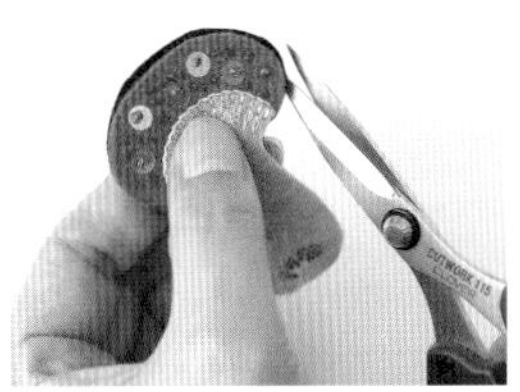

※もしくは完成した表面のパーツにフェルト（黒）を重ね、輪郭に沿ってカットする。

3 飾りのスパンコールを縫いつけます

4 仕上げます

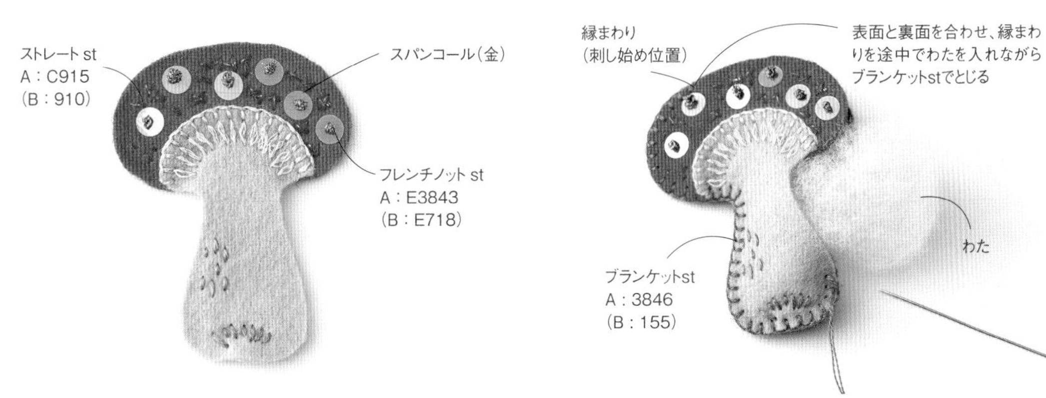
ストレート st
A：C915
（B：910）
スパンコール（金）
フレンチノット st
A：E3843
（B：E718）
縁まわり
（刺し始め位置）
表面と裏面を合わせ、縁まわりを途中でわたを入れながらブランケットstでとじる
わた
ブランケットst
A：3846
（B：155）

スパンコールはフレンチノットstでつけます

1

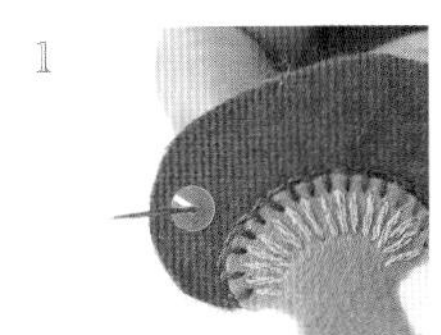

スパンコールの中央の穴から針を出す。

2

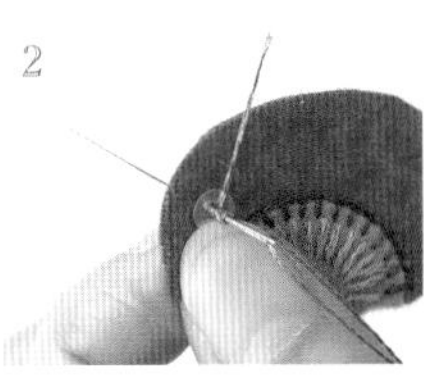

針に糸を3～4回巻きつけ、再びスパンコールの中央の穴から針を入れて裏側に引き抜く。

3

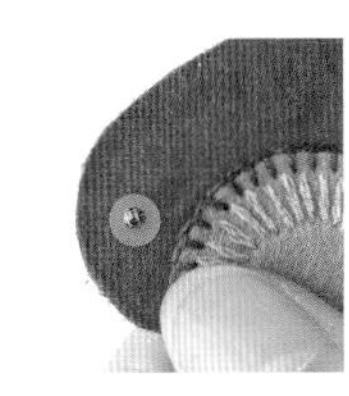

フレンチノットstでスパンコールがついた。

できあがり

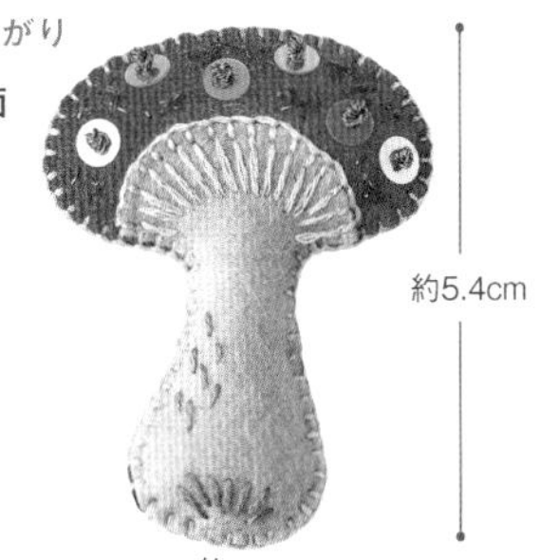
表面
約5.4cm
約4cm

ブローチピンを好みの位置に手縫い糸で縫いつける

裏面

Stitch 使用したステッチと刺し方

本書の作品は基本的な11種類のステッチで作ることができます。

ストレートステッチ

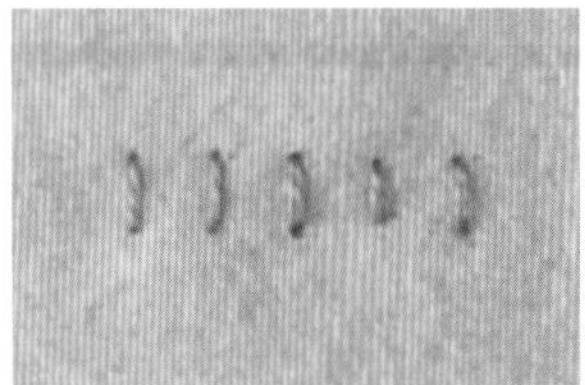

1針で刺せるステッチ。長さや向き、並べ方で変化をつけます。

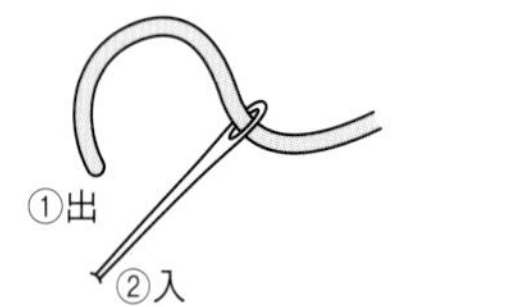
①出
②入

バックステッチ

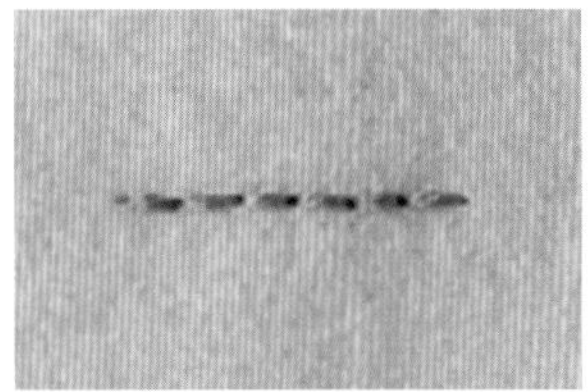

1針分の長さを戻って2針分先をすくうステッチ。

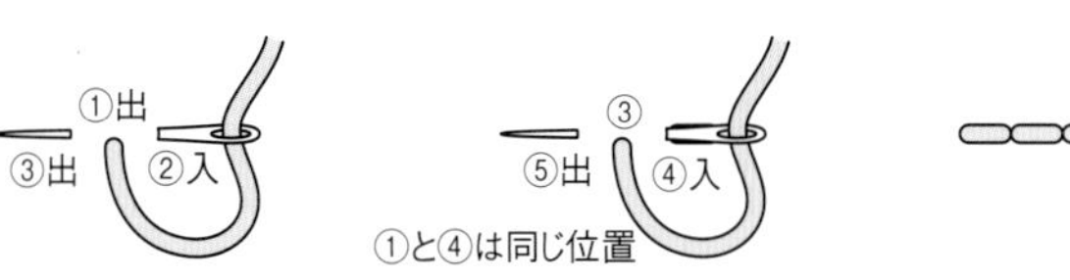
①出
③出
②入
③
⑤出
④入
①と④は同じ位置

アウトラインステッチ

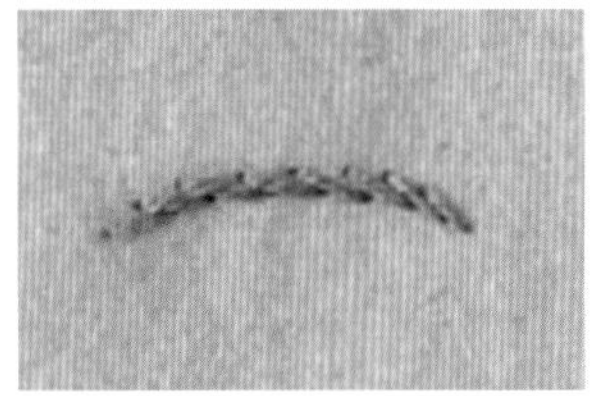

1針分の長さをとって半分戻った位置をすくうステッチ。

①出
③出
②入
⑤出
④入
③
②と⑤は
同じ位置

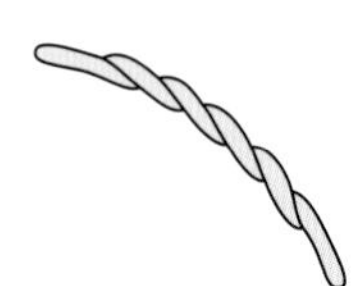

ランニングステッチ

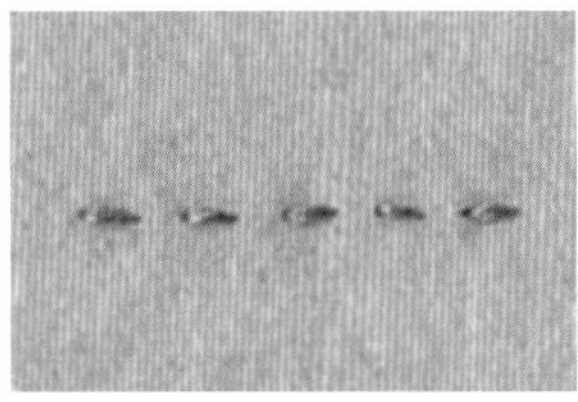

並縫いの要領で一定の間隔で1針ずつ刺し進むステッチ。

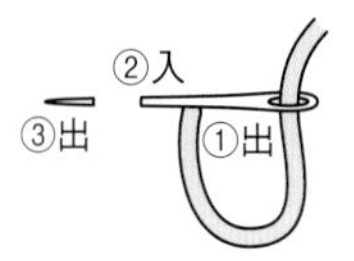
②入
③出
①出

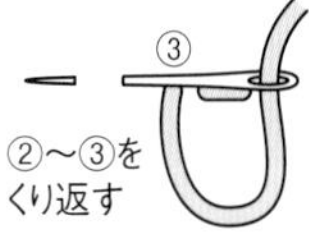
③
②〜③を
くり返す

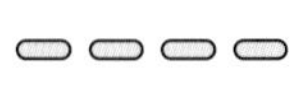

チェーンステッチ

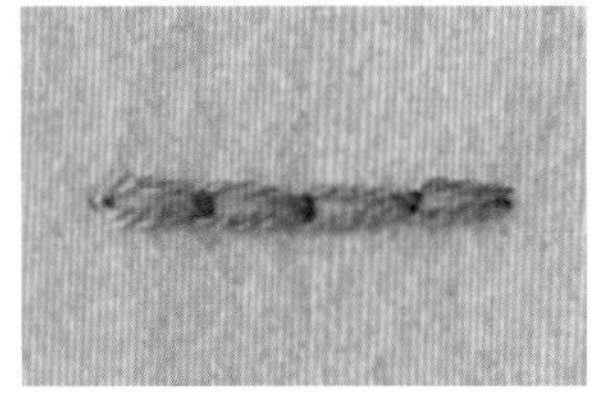

ループを連続してとめつけながら刺すステッチ。

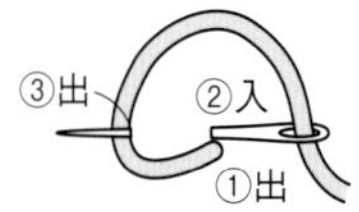
③出
②入
①出

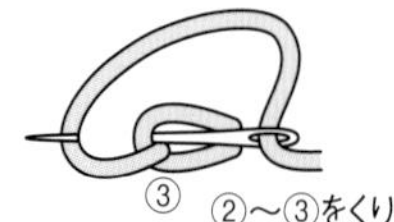
③
②〜③をくり返す

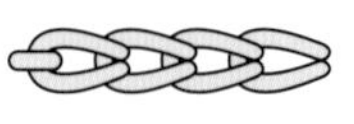

サテンステッチ

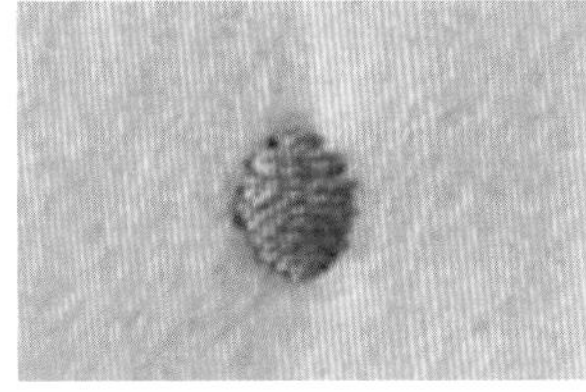

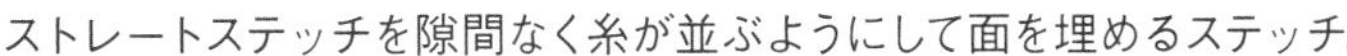

ストレートステッチを隙間なく糸が並ぶようにして面を埋めるステッチ。

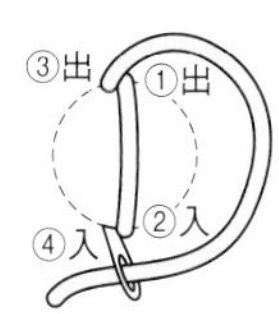
③出
①出
④入
②入

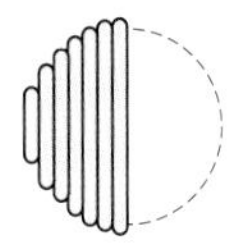

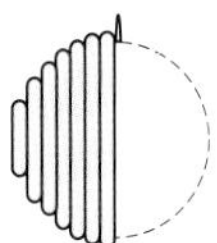

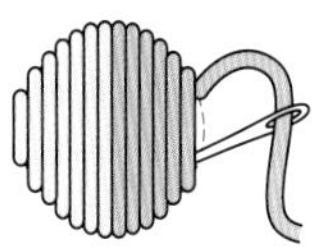

レイジーデイジーステッチ

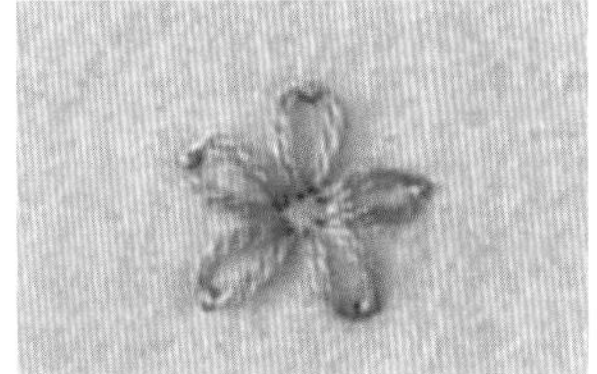

ループを楕円にとめるステッチ。花や葉などの模様に使います。

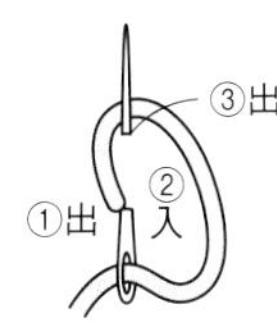
③出
②
入
①出

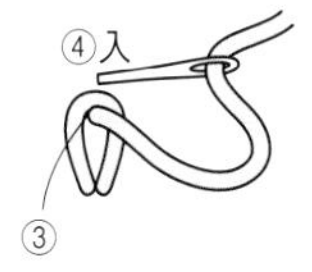
④入
③

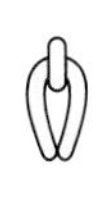

フライステッチ

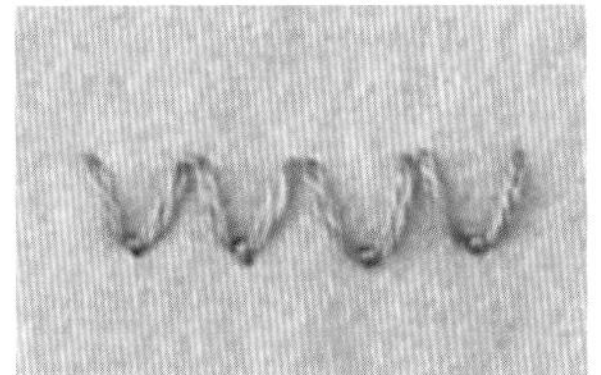

Y字に刺すステッチ。中央をとめる目を短くしてもかまいません。

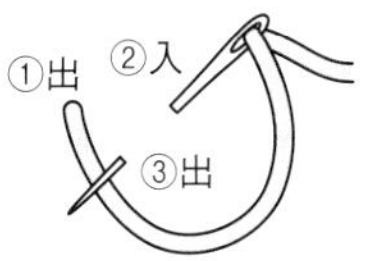
①出
②入
③出

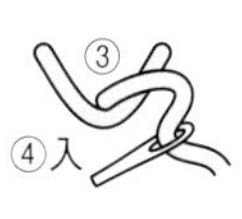
③
④入

とめの針目が長い

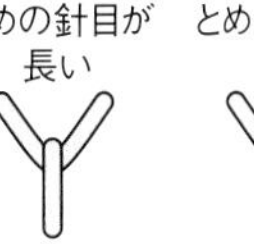

とめの針目が短い

引きすぎずとめるとカーブになります

フレンチノットステッチ

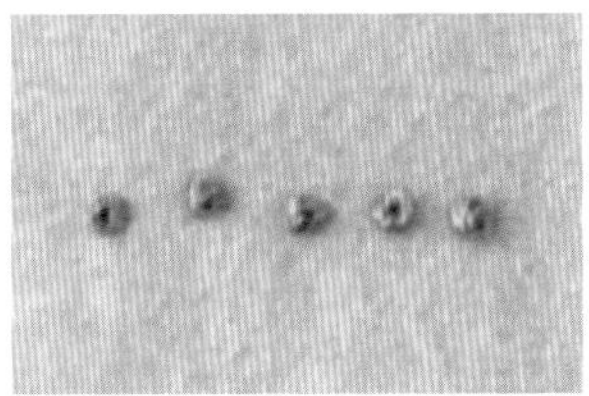

小さな結び玉を作るステッチ。糸を巻く回数で大きさを変えます。

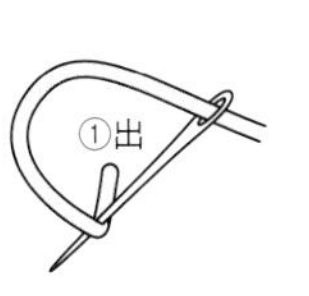
①出

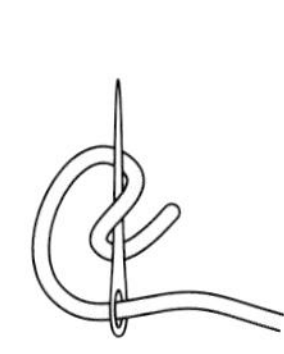

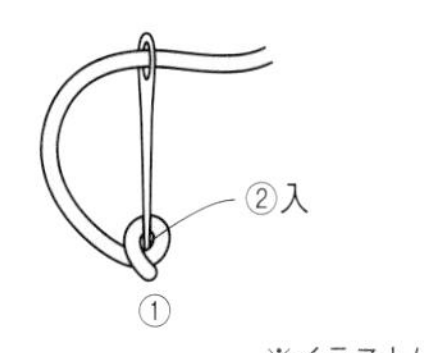
②入
①

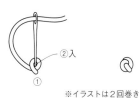

※イラストは2回巻き

ブランケットステッチ

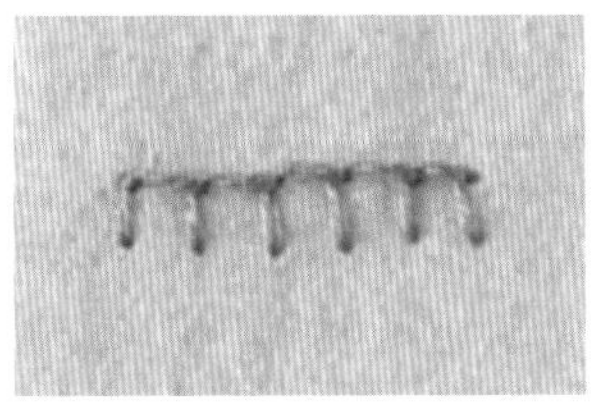

縁かがりやボタン穴の処理に使われるステッチ。

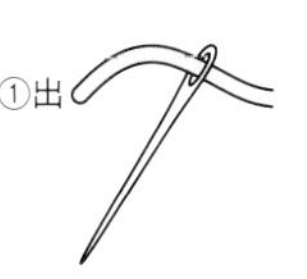
①出

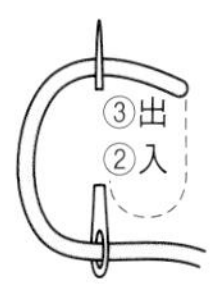
③出
②入

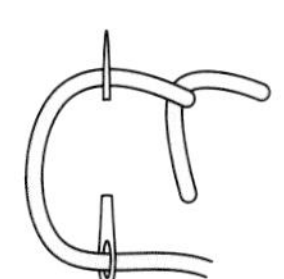

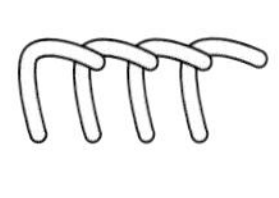

スプリットステッチ

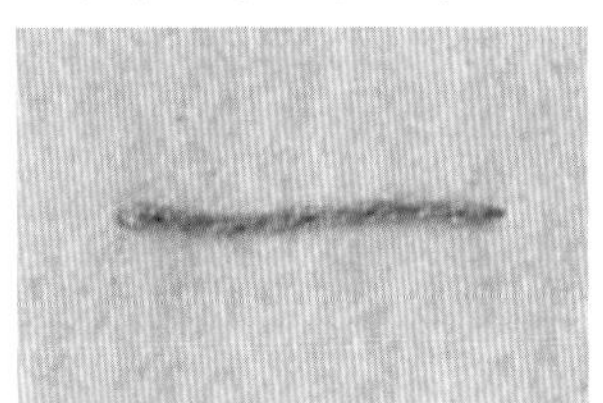

手前に刺した目（2本の糸）の間に針を出しながら刺すステッチ。

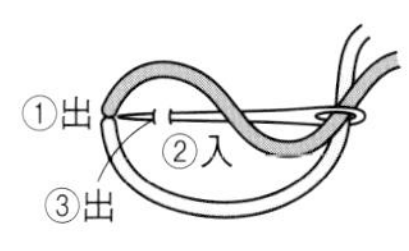
①出
②入
③出

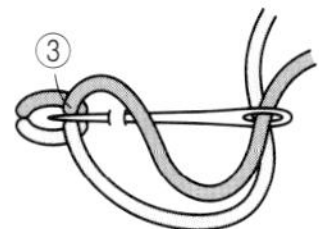
③

刺し終わり

How to make

本書の作品の作り方を紹介します。
材料、型紙、図案の見方は下記を参照してください。
図内の作品写真に表記したサイズは目安です。

材料について

＊刺しゅう糸はDMC、フェルトはサンフェルト「ミニー200」を使用。それぞれ色名（色番号）を表記しています

＊刺しゅう糸のうち、指定のないものは25番糸（ムーリネ・スペシャル）、色番号の頭にEがつくものはライトエフェクト、その他は品名を参照してご用意ください

＊A・B共通は1個分の必要量を表記

パーツについて

表面（刺しゅうするパーツを指す）　裏面（ブローチピン側のパーツを指す）

裏側
表側
フェルト

裏側
表側
フェルト(黒)

型紙の見方

＊パーツは材料に表記されたフェルトを裁ちます

表面：各1枚
裏面：1枚（「裏面の裁ち方」P.37参照）

パーツの枚数は各ページに指定があります

━━ ＝裁ち切り線
- - - - ＝パーツつけ位置

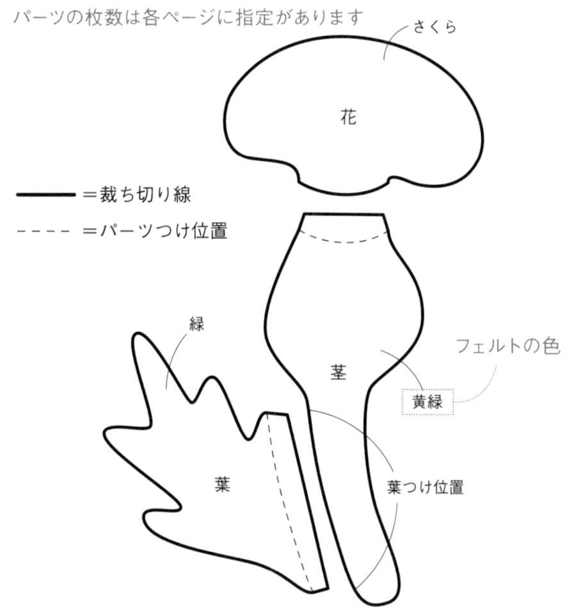

さくら
花
緑
茎
フェルトの色
黄緑
葉
葉つけ位置

図案の見方

▬▬ ＝縫い合わせ位置

▬▬ と★ブランケットstで示される部分はパーツ同士を縫い合わせる位置と指定（★たてまつりの部分も同様）

刺しゅう糸の本数は各ページに指定があります

※すべて2本どり

（1本どりは図案内のステッチ名の下に表記）

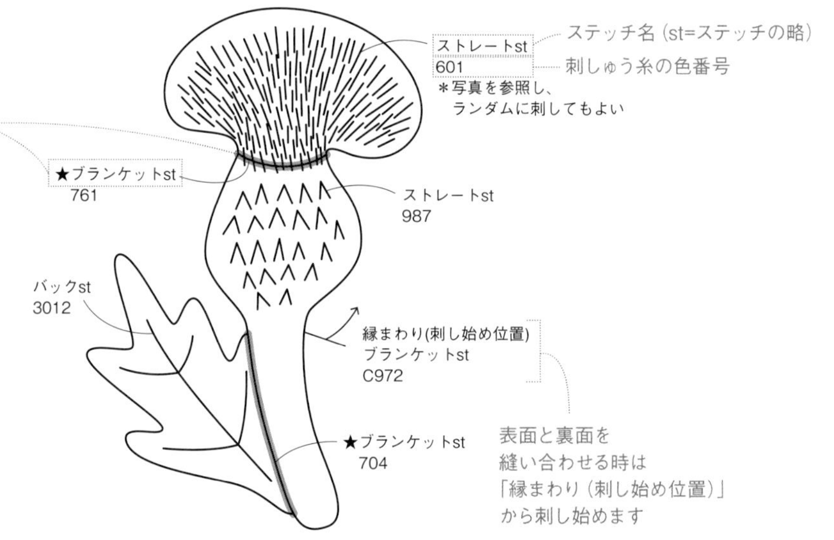

ストレートst
601
ステッチ名（st=ステッチの略）
刺しゅう糸の色番号
＊写真を参照し、ランダムに刺してもよい
★ブランケットst
761
ストレートst
987
バックst
3012
縁まわり(刺し始め位置)
ブランケットst
C972
★ブランケットst
704

表面と裏面を縫い合わせる時は「縁まわり（刺し始め位置）」から刺し始めます

1 アザミ

Photo▶ P.4

材料

フェルト	さくら(102)、黄緑(453)、緑(440)、黒(790)
刺しゅう糸	プラム(601)、さくら(761)、若草(704)、フォレスト(987)、ライトカーキ(3012) ÉTOILE みかん(C972)
その他	わた少量、ブローチピン1個、手縫い糸

作り方

1 表面の型紙をフェルトに写してカットする。
2 茎に花を重ね、ブランケットstで縫いつける。
3 葉に2を重ね、ブランケットstで縫いつける。
4 3の表側に図案を写す。
5 花、茎、葉にそれぞれ刺しゅうする。
6 図案もしくは5のできあがりの形に合わせて裏面用の黒のフェルトをカットする。5と合わせて縁まわりの刺し始め位置からわたを入れながらブランケットstでとじる。ブローチピンを縫いつける。

図案 ※数字は刺しゅう糸の色番号
※すべて2本どり

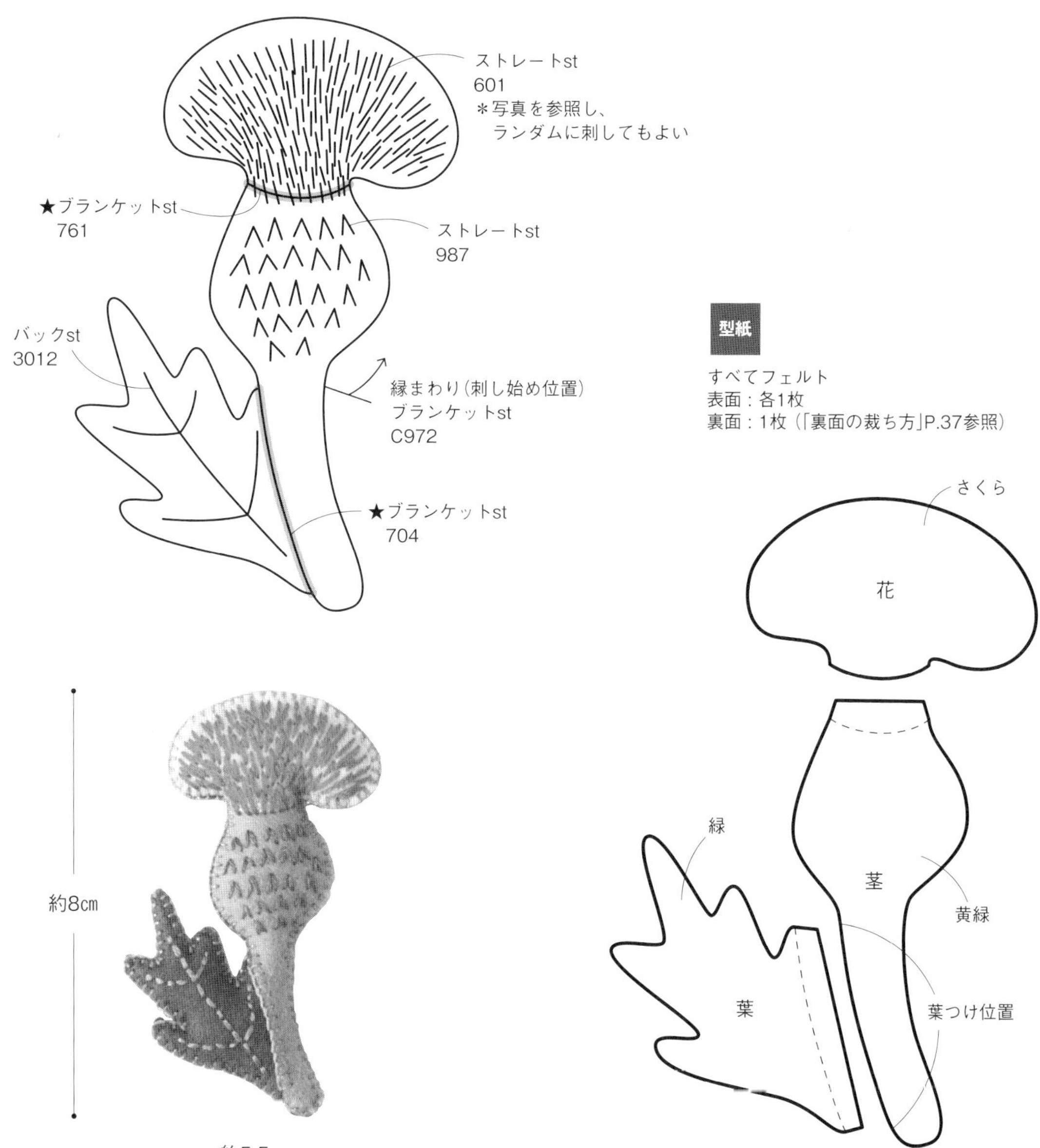
ストレートst
601
＊写真を参照し、
ランダムに刺してもよい
★ブランケットst
761
ストレートst
987
バックst
3012
縁まわり(刺し始め位置)
ブランケットst
C972
★ブランケットst
704
約8cm
約5.5cm
型紙
すべてフェルト
表面：各1枚
裏面：1枚(「裏面の裁ち方」P.37参照)
さくら
花
緑
茎
黄緑
葉
葉つけ位置

2 クララ

Photo ▶ P.4

材料

フェルト	柿(144)、淡サーモンピンク(301)、青緑(569)、黒(790)
刺しゅう糸	渋朱(900)、茶(975)、花緑青(959)、プラム(601)、若葉(906)、濃紅茶(814)、レモン(307)、橙(740)、ラメ緑(E3849) ÉTOILE 黄緑(C907)
その他	わた少量、ブローチピン1個、手縫い糸

作り方

1 表面の型紙をフェルトに写してカットする。
2 顔に髪を重ね、ブランケットstで縫いつける。
3 2に服を重ね、ブランケットstで縫いつける。
4 3の表側に図案を写す。
5 髪、顔、服にそれぞれ刺しゅうする。
6 図案もしくは5のできあがりの形に合わせて裏面用の黒のフェルトをカットする。5と合わせて縁まわりの刺し始め位置からわたを入れながらブランケットstでとじる。ブローチピンを縫いつける。

図案 ※数字は刺しゅう糸の色番号
※すべて2本どり

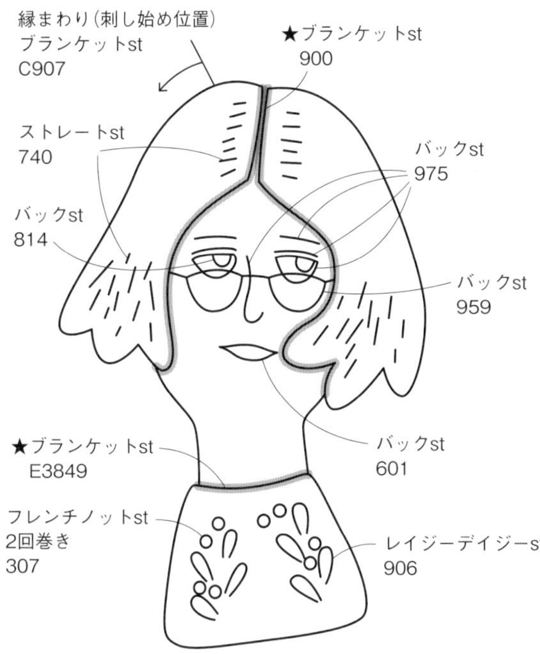
縁まわり(刺し始め位置)
ブランケットst
C907
★ブランケットst
900
ストレートst
740
バックst
975
バックst
814
バックst
959
★ブランケットst
E3849
バックst
601
フレンチノットst
2回巻き
307
レイジーデイジーst
906

約7.5cm
約5cm

型紙

すべてフェルト
表面：各1枚
裏面：1枚（「裏面の裁ち方」P.37参照）

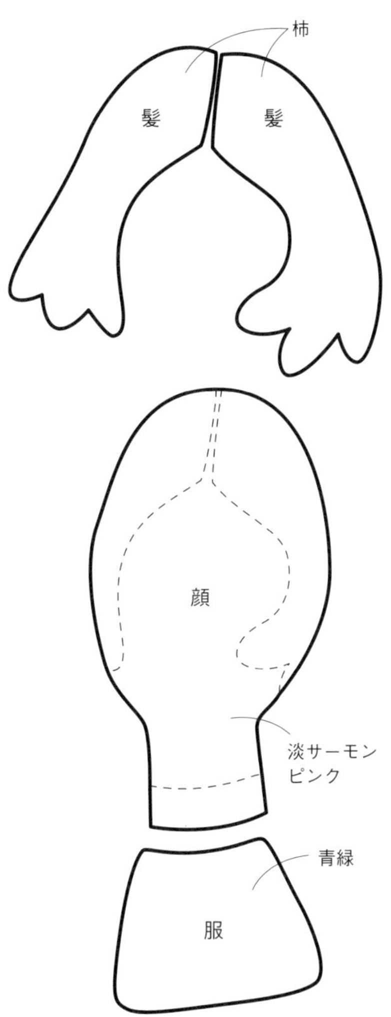
柿
髪
髪
顔
淡サーモン
ピンク
青緑
服

3 ヤーコブ

Photo ▶ P.5

材料

フェルト	淡茶(219)、淡サーモンピンク(301)、シアン(583)、黒(790)
刺しゅう糸	ローアンバー(680)、さくら(761)、橙(740)、フラミンゴ(3771)、ライトカーキ(3012)、ターコイズ(3846)、緑青(3850)、若草(704)、ラメ紫(E718) ÉTOILE 青(C820) RETORS クリーム(2738)
その他	わた少量、ブローチピン1個、手縫い糸

作り方

1 表面の型紙をフェルトに写してカットする。
2 クラウンにブリムを重ね、ブランケットstで縫いつける。
3 2に顔を重ね、ブランケットstで縫いつける。
4 3に服を重ね、ブランケットstで縫いつける。
5 4の表側に図案を写す。
6 顔、服、髪の順にそれぞれ刺しゅうする。
7 図案もしくは6のできあがりの形に合わせて裏面用の黒のフェルトをカットする。6と合わせて縁まわりの刺し始め位置からわたを入れながらブランケットstでとじる。ブローチピンを縫いつける。

図案

※数字は刺しゅう糸の色番号
※2738はそのまま1本で使用。
その他は2本どり

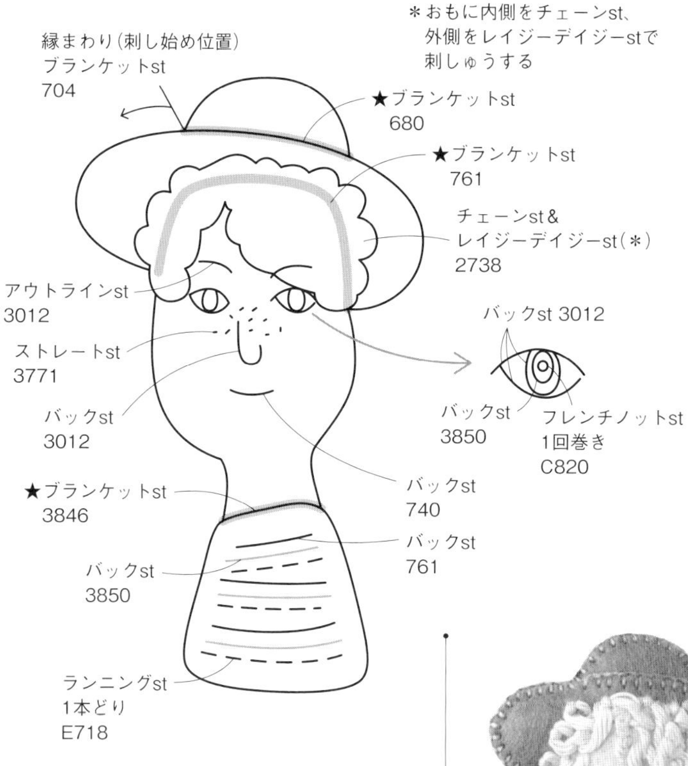

緑まわり(刺し始め位置)
ブランケットst
704

＊おもに内側をチェーンst、
外側をレイジーデイジーstで
刺しゅうする

★ブランケットst
680

★ブランケットst
761

チェーンst＆
レイジーデイジーst(＊)
2738

アウトラインst
3012

ストレートst
3771

バックst
3012

バックst 3012

バックst
3850

フレンチノットst
1回巻き
C820

バックst
740

★ブランケットst
3846

バックst
761

バックst
3850

ランニングst
1本どり
E718

約8cm

約5cm

型紙

すべてフェルト
表面：各1枚
裏面：1枚(「裏面の裁ち方」P.37参照)

淡茶
クラウン
クラウンつけ位置
ブリム
顔
淡サーモンピンク
服
シアン

4 ルーシー

Photo ▶ P.6

材料

フェルト	緑(440)、チェリー(116)、さくら(102)、サーモンピンク(302)、すみれ(661)、黒(790)
刺しゅう糸	ピンク(3716)、茶(975)、ライラック(3608)、紫(33)、さんご(3706)、からし(728)、若草(704)、ラメ黄緑(E703)、ラメ緑(E3849) ÉTOILE ピンク(C915)、みかん(C972)
その他	丸小ビーズ(黄緑)5個 わた少量、ブローチピン1個、手縫い糸

作り方

1 表面の型紙をフェルトに写してカットする。
2 葉と花に髪を重ね、それぞれブランケットstで縫いつける。
3 顔に2を重ね、写真のように少しランダムなブランケットstで縫いつける。
4 3に服を重ね、ブランケットstで縫いつける。
5 4の表側に図案を写す。
6 葉、花、顔に刺しゅうをし、ビーズを縫いつける。
7 図案もしくは6のできあがりの形に合わせて裏面用の黒のフェルトをカットする。6と合わせて縁まわりの刺し始め位置からわたを入れながらブランケットstでとじる。ブローチピンを縫いつける。

図案 ※数字は刺しゅう糸の色番号
※指定以外は2本どり

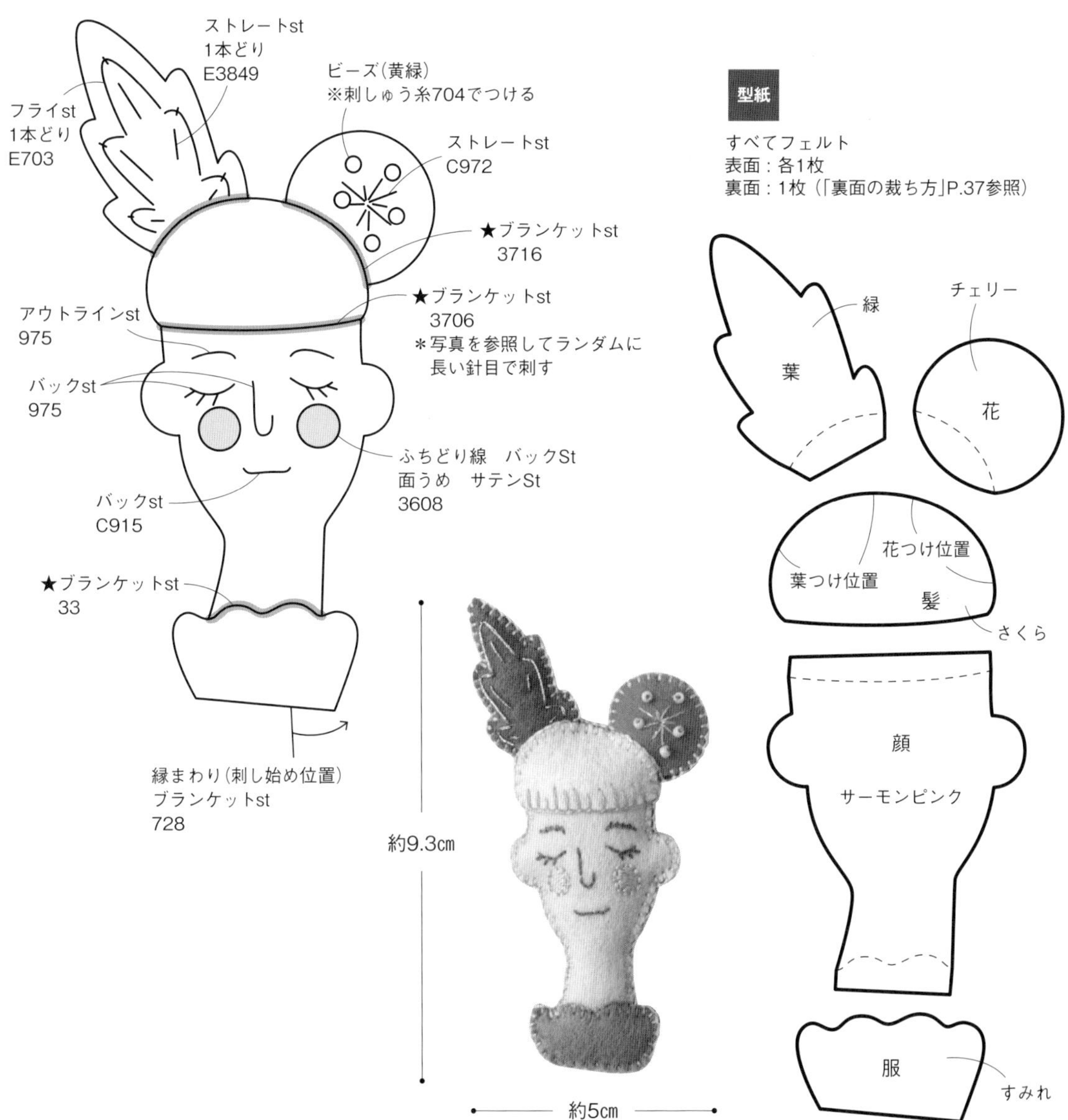

ストレートst
1本どり
E3849
ビーズ(黄緑)
※刺しゅう糸704でつける
フライst
1本どり
E703
ストレートst
C972
★ブランケットst
3716
★ブランケットst
3706
＊写真を参照してランダムに長い針目で刺す
アウトラインst
975
バックst
975
ふちどり線　バックSt
面うめ　サテンSt
3608
バックst
C915
★ブランケットst
33
縁まわり(刺し始め位置)
ブランケットst
728
約9.3㎝
約5㎝
型紙
すべてフェルト
表面：各1枚
裏面：1枚（「裏面の裁ち方」P.37参照）
緑
葉
チェリー
花
花つけ位置
葉つけ位置
髪
さくら
顔
サーモンピンク
服
すみれ

5 ミーナ

Photo ▶ P.6

材料

フェルト	青緑(569)、淡サーモンピンク(301)、 群青(538)、黒(790)
刺しゅう糸	うす赤紫(3607)、レモン(307)、 ひすい(913)、青緑(807)、こげ茶(838)、 エメラルド(3812)、さくら(761)、 さんご(3706)、青(798)、わすれな草(341) ライラック(3608)
その他	丸小ビーズ(黄緑)3個、 丸小ビーズ(濃ピンク)2個、 直径6㎜の亀甲スパンコール(クリーム)3個 わた少量、ブローチピン1個、手縫い糸

作り方

1 表面の型紙をフェルトに写してカットする。
2 顔に髪を重ね、ブランケットstで縫いつける。
3 2に服を重ね、ブランケットstで縫いつける。
4 3の表側に図案を写す。
5 髪、顔、服にそれぞれ刺しゅうをし、スパンコールとビーズを縫いつける。
6 図案もしくは5のできあがりの形に合わせて裏面用の黒のフェルトをカットする。5と合わせて縁まわりの刺し始め位置からわたを入れながら、途中で耳たぶにビーズをつけ、ブランケットstでとじる。ブローチピンを縫いつける。

図案 ※数字は刺しゅう糸の色番号
※すべて2本どり

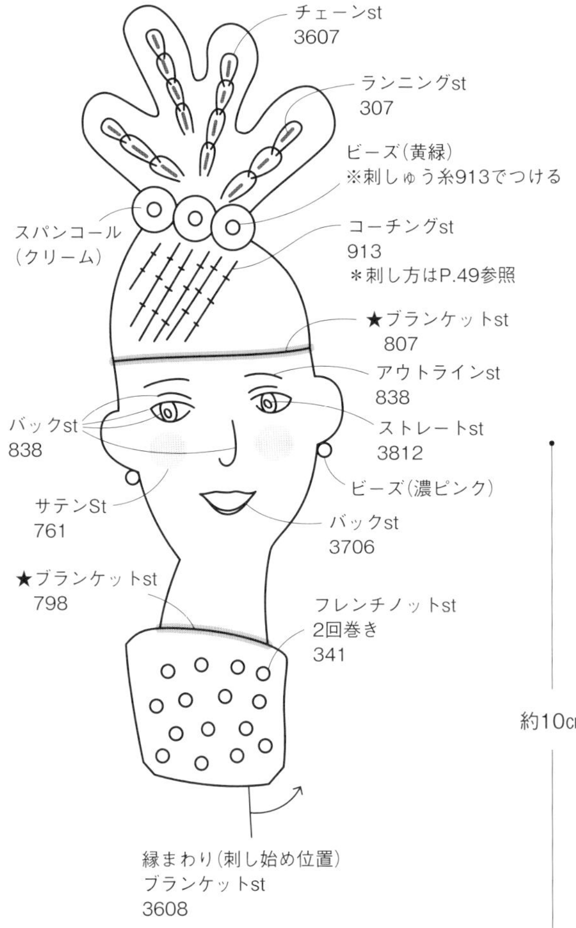

チェーンst
3607
ランニングst
307
ビーズ(黄緑)
※刺しゅう糸913でつける
スパンコール
(クリーム)
コーチングst
913
＊刺し方はP.49参照
★ブランケットst
807
アウトラインst
838
バックst
838
ストレートst
3812
ビーズ(濃ピンク)
サテンSt
761
バックst
3706
★ブランケットst
798
フレンチノットst
2回巻き
341
縁まわり(刺し始め位置)
ブランケットst
3608

型紙 すべてフェルト
表面：各1枚
裏面：1枚（「裏面の裁ち方」P.37参照）

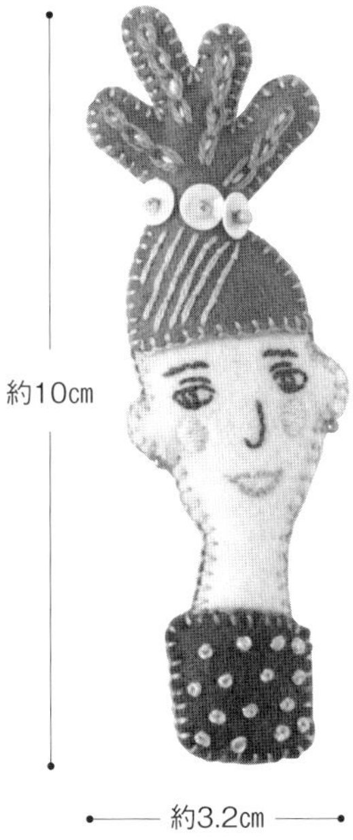

青緑
髪
顔
淡サーモン
ピンク
顔つけ位置
服
群青

約10㎝
約3.2㎝

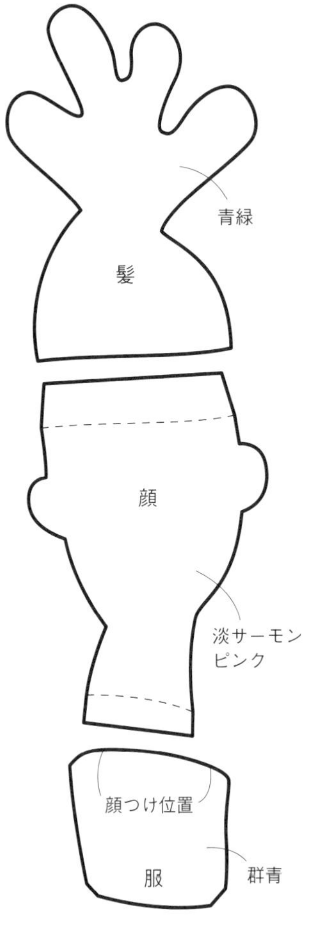

6 かな

Photo ▶ P.7

材料

フェルト	群青(538)、淡サーモンピンク(301)、モスグリーン(444)、黒(790)
刺しゅう糸	紺(796)、マロン(300)、紫(33)、ピンク(3716) さんご(3706)、ベージュ(945)、白(BLANC)、 こげ茶(838) ÉTOILE 青(C820) RETORS クリーム(2738)
その他	わた少量、ブローチピン1個、手縫い糸

作り方

1 表面の型紙をフェルトに写してカットする。
2 顔に髪を重ね、ブランケットstで縫いつける。
3 服に2を重ね、ブランケットstで縫いつける。
4 3の表側に図案を写す。
5 髪、顔、服にそれぞれ刺しゅうする。
6 図案もしくは5のできあがりの形に合わせて裏面用の黒のフェルトをカットする。5と合わせて縁まわりの刺し始め位置からわたを入れながらブランケットstでとじる。ブローチピンを縫いつける。

図案 ※数字は刺しゅう糸の色番号
※2738はそのまま1本で使用。
その他は2本どり

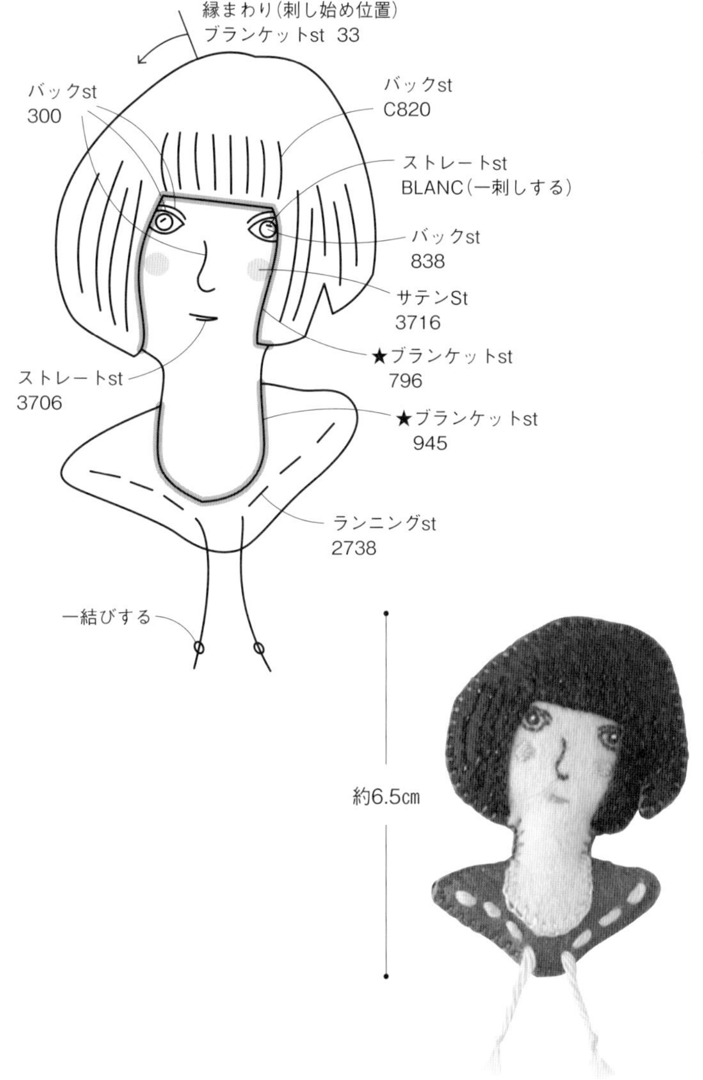
縁まわり(刺し始め位置)
ブランケットst 33
バックst
300
バックst
C820
ストレートst
BLANC(一刺しする)
バックst
838
サテンSt
3716
★ブランケットst
796
ストレートst
3706
★ブランケットst
945
ランニングst
2738
一結びする
約6.5cm
約4.3cm

型紙

すべてフェルト
表面：各1枚
裏面：1枚（「裏面の裁ち方」P.37参照）

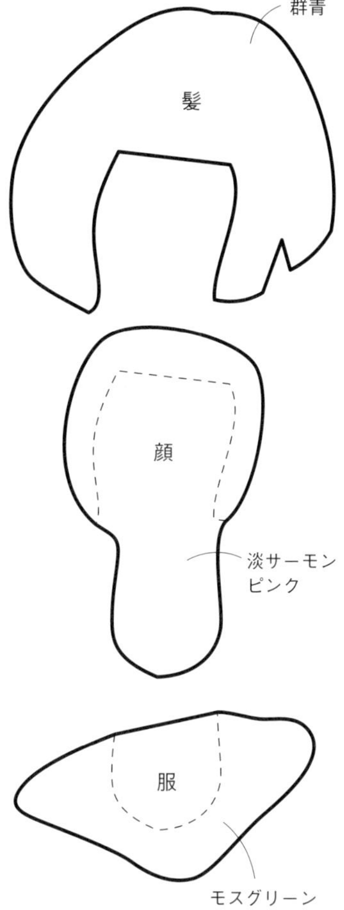
群青
髪
顔
淡サーモン
ピンク
服
モスグリーン

7 名もなき花

Photo ▶ P.7

材料

フェルト	浅葱(582)、浅緑(574)、キャロット(139)、黒(790)
刺しゅう糸	緑青(3850)、黄緑(907)、みかん(972)、渋朱(900)、花緑青(959)、黄系マルチ(4080)、ラメ金(E3821) ÉTOILE ピンク(C915)
その他	丸小ビーズ(白)15個 わた少量、ブローチピン1個、手縫い糸

作り方

1 表面の型紙をフェルトに写してカットする。
2 葉①の△印位置に葉②の△印を重ね、ブランケットstで縫いつける。
3 2に花を重ね、ブランケットstで縫いつける。
4 3の表側に図案を写す。
5 葉、花にそれぞれ刺しゅうをし、ビーズを縫いつける。
6 図案もしくは5のできあがりの形に合わせて裏面用の黒のフェルトをカットする。5と合わせて縁まわりの刺し始め位置からわたを入れながらブランケットstでとじる。ブローチピンを縫いつける。

図案 ※数字は刺しゅう糸の色番号
※指定以外は2本どり

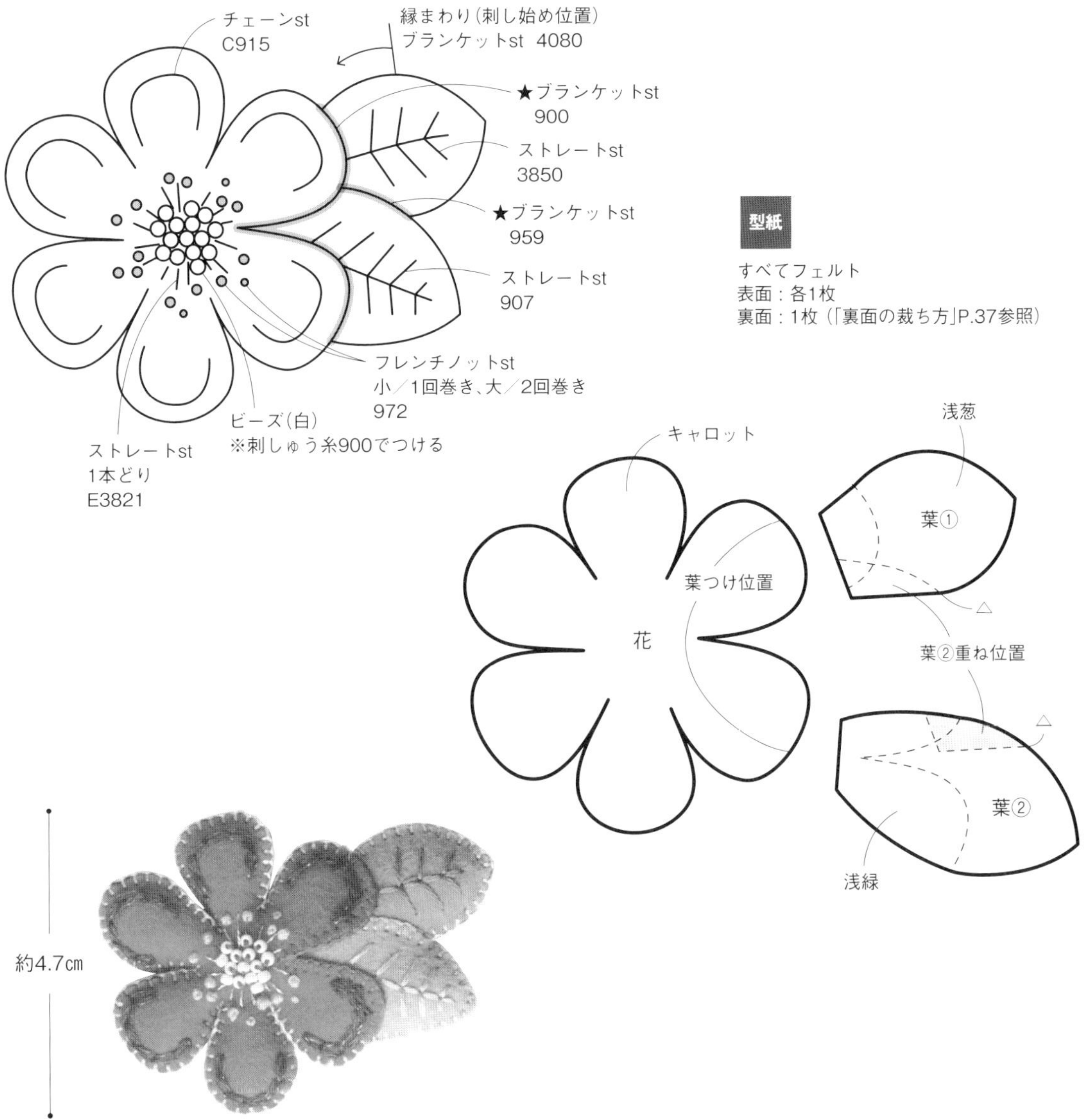

チェーンst
C915
縁まわり(刺し始め位置)
ブランケットst 4080
★ブランケットst
900
ストレートst
3850
★ブランケットst
959
ストレートst
907
フレンチノットst
小/1回巻き、大/2回巻き
972
ビーズ(白)
※刺しゅう糸900でつける
ストレートst
1本どり
E3821
型紙
すべてフェルト
表面：各1枚
裏面：1枚(「裏面の裁ち方」P.37参照)
キャロット
浅葱
葉①
葉つけ位置
花
葉②重ね位置
葉②
浅緑
約4.7cm
約6.6cm

8 アネモネ

Photo▶ P.8

材料

フェルト	オレンジ(370)、キャロット(139)、ライム(443)、黒(790)
刺しゅう糸	紫(33)、緑青(3850)、黄系マルチ(4080)、濃紅茶(814)、マリーゴールド(608)、赤(347)、からし(728)
その他	わた少量、ブローチピン1個、手縫い糸

作り方

1 表面の型紙をフェルトに写してカットする。
2 花①に花②を重ね、ブランケットstで縫いつける。
3 茎に2を重ね、ブランケットstで縫いつける。
4 3の表側に図案を写す。
5 花①、花②にそれぞれ刺しゅうする。
6 図案もしくは5のできあがりの形に合わせて裏面用の黒のフェルトをカットする。5と合わせて縁まわりの刺し始め位置からわたを入れながらブランケットstでとじる。ブローチピンを縫いつける。

図案 ※数字は刺しゅう糸の色番号
※すべて2本どり

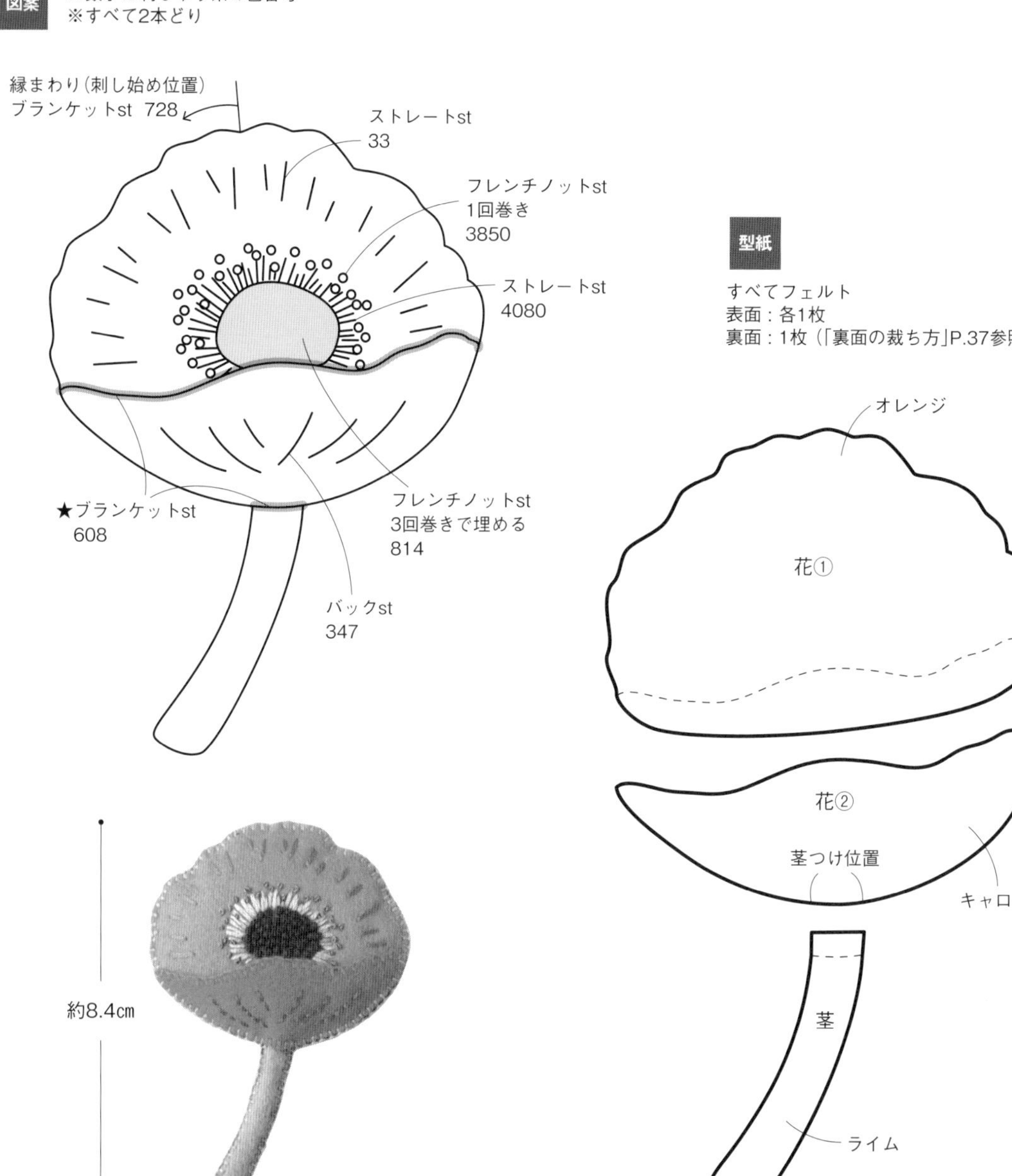
縁まわり(刺し始め位置)
ブランケットst 728
ストレートst
33
フレンチノットst
1回巻き
3850
ストレートst
4080
★ブランケットst
608
フレンチノットst
3回巻きで埋める
814
バックst
347
約8.4cm
約6cm
型紙
すべてフェルト
表面：各1枚
裏面：1枚(「裏面の裁ち方」P.37参照)
オレンジ
花①
花②
茎つけ位置
キャロット
茎
ライム

9 かおり

Photo ▶ P.9

材料

フェルト	ワインレッド(118)、浅葱(582)、淡サーモンピンク(301)、黒(790)
刺しゅう糸	若葉(906)、マロン(300)、緑青(3850)、コーラルレッド(893)、フラミンゴ(3771)、さくら(761)、柿茶(3853) DIAMANT GRANDÉ ライトシルバー(G168)
その他	わた少量、ブローチピン1個、手縫い糸

作り方

1 表面の型紙をフェルトに写してカットする。
2 髪に顔を重ね、ブランケットstで縫いつける。
3 2に服を重ね、ブランケットstで縫いつける。
4 3の表側に図案を写す。
5 髪、顔、服にそれぞれ刺しゅうする。
6 図案もしくは5のできあがりの形に合わせて裏面用の黒のフェルトをカットする。5と合わせて縁まわりの刺し始め位置からわたを入れながらブランケットstでとじる。ブローチピンを縫いつける。

図案 ※数字は刺しゅう糸の色番号
※すべて2本どり

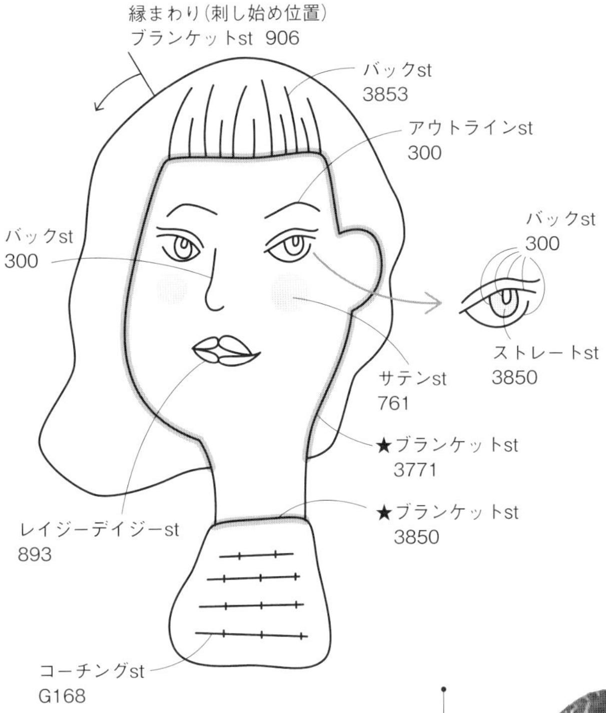

縁まわり(刺し始め位置)
ブランケットst 906
バックst
3853
アウトラインst
300
バックst
300
バックst
300
ストレートst
3850
サテンst
761
★ブランケットst
3771
★ブランケットst
3850
レイジーデイジーst
893
コーチングst
G168

コーチングstの刺し方
②入
芯糸
①出
④入
②入
③出
①出
とめる糸

約7.8cm
約4.7cm

型紙

すべてフェルト
表面：各1枚
裏面：1枚（「裏面の裁ち方」P.37参照）

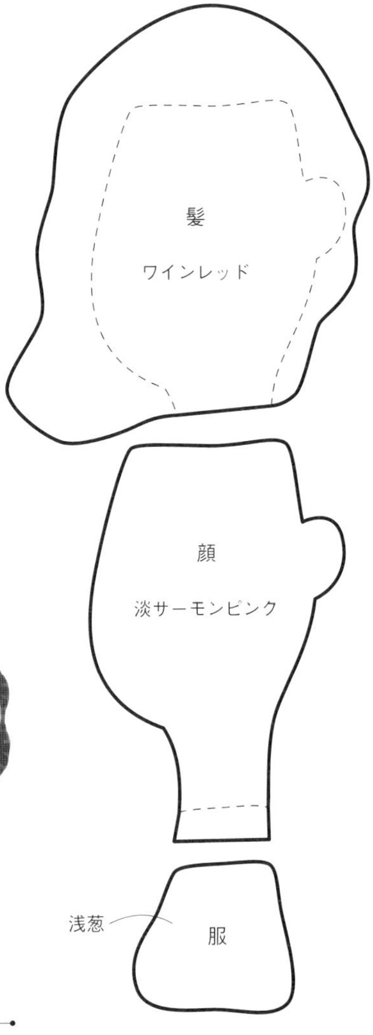

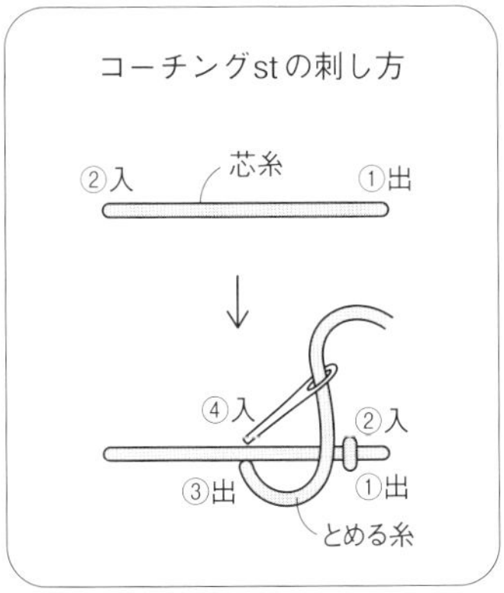

髪
ワインレッド
顔
淡サーモンピンク
浅葱
服

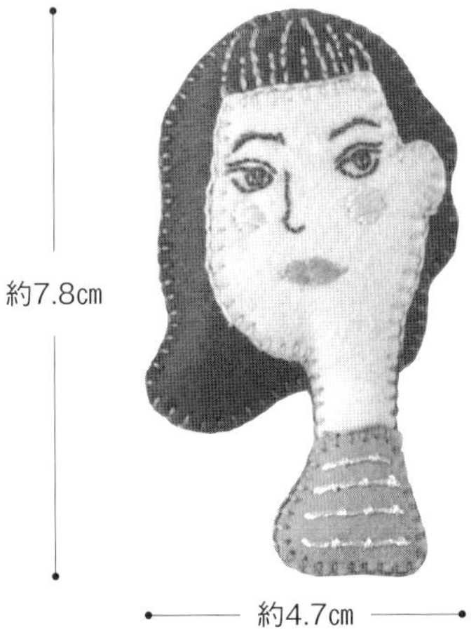

10 サラ

Photo ▶ P.9

材料

フェルト	クリーム(331)、淡サーモンピンク(301)、淡ベージュ(213)、わさび(442)、黒(790)
刺しゅう糸	フラミンゴ(3771)、茶(975)、若葉(906)、さくら(761)、赤(347)、みかん(972)、マリンブルー(995)、淡黄(745)、さんご(3706) COLORIS ピンク系マルチ(4500)
その他	丸小ビーズ(ピンク)6個 わた少量、ブローチピン1個、手縫い糸

作り方

1 表面の型紙をフェルトに写してカットする。
2 顔に髪を重ね、ブランケットstで縫いつける。
3 2に服①を重ね、ブランケットstで縫いつける。
4 3に服②を重ね、ブランケットstで縫いつける。
5 4の表側に図案を写す。
6 髪、顔、服②にそれぞれ刺しゅうをし、髪にビーズを縫いつける。
7 図案もしくは6のできあがりの形に合わせて裏面用の黒のフェルトをカットする。6と合わせて縁まわりの刺し始め位置からわたを入れながらブランケットstでとじる。ブローチピンを縫いつける。

図案 ※数字は刺しゅう糸の色番号
※すべて2本どり

型紙

すべてフェルト
表面：各1枚
裏面：1枚（「裏面の裁ち方」P.37参照）

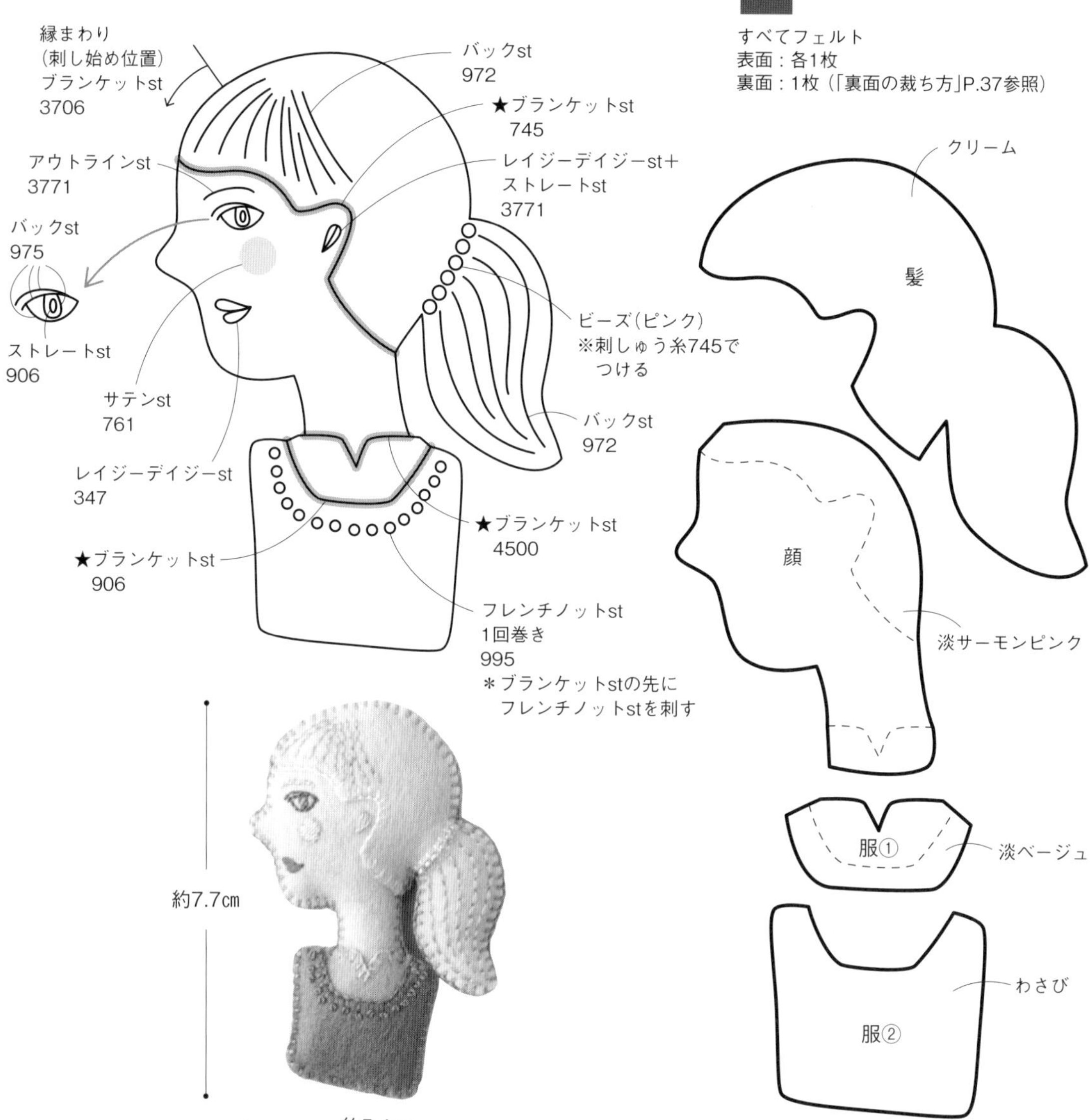
縁まわり
(刺し始め位置)
ブランケットst
3706
バックst
972
★ブランケットst
745
アウトラインst
3771
レイジーデイジーst＋
ストレートst
3771
バックst
975
ストレートst
906
サテンst
761
ビーズ(ピンク)
※刺しゅう糸745で
つける
バックst
972
レイジーデイジーst
347
★ブランケットst
4500
★ブランケットst
906
フレンチノットst
1回巻き
995
＊ブランケットstの先に
フレンチノットstを刺す
約7.7cm
約5.4cm
クリーム
髪
顔
淡サーモンピンク
服①
淡ベージュ
わさび
服②

11 ヒツジ

Photo ▶ P.10

材料

フェルト	クリーム(331)、黒(790)
刺しゅう糸	コーラルレッド(893)、淡黄(745)、 深緑(895)、黄系マルチ(4080)、 ラメ黄緑(E703) RETORS クリーム(2738)
その他	わた少量、ブローチピン1個、手縫い糸

作り方

1 表面の型紙をフェルトに写してカットする。
2 体に顔を重ね、ブランケットstで縫いつける。
3 2の表側に図案を写す。
4 顔に刺しゅうをする。体はチェーンstで刺し埋めてから、チェーンstの中にストレートstする。
5 図案もしくは4のできあがりの形に合わせて裏面用の黒のフェルトをカットする。4と合わせて縁まわりの刺し始め位置からわたを入れながらブランケットstでとじる。ブローチピンを縫いつける。

図案 ※数字は刺しゅう糸の色番号
※2738はそのまま1本で使用。
その他は2本どり

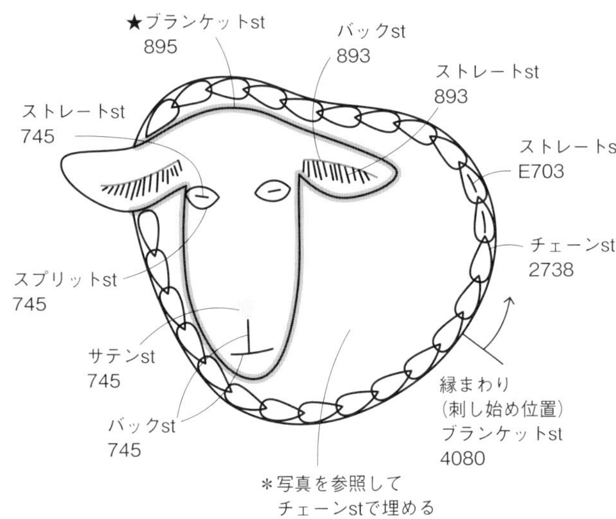
★ブランケットst
895
バックst
893
ストレートst
893
ストレートst
745
ストレートst
E703
チェーンst
2738
スプリットst
745
サテンst
745
バックst
745
縁まわり
(刺し始め位置)
ブランケットst
4080
＊写真を参照して
チェーンstで埋める

型紙

すべてフェルト
表面：各1枚
裏面：1枚（「裏面の裁ち方」P.37参照）

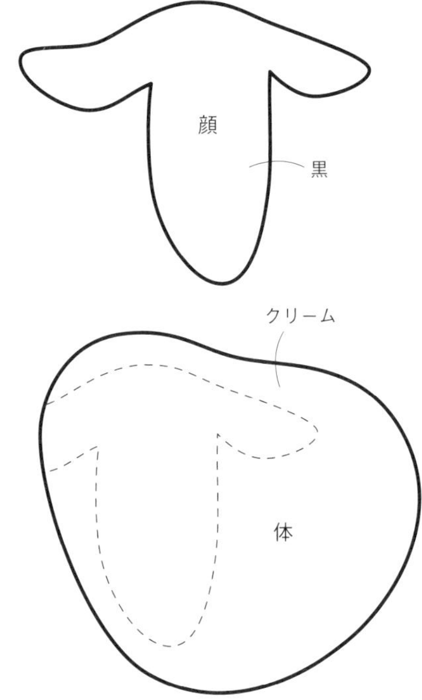
顔
黒
クリーム
体

約4.5cm
約6cm

12 ウシ

Photo ▶ P.10

材料

A(すみれ)

フェルト	濃からし(334)、すみれ(661)、群青(538)、クリーム(331)、黒(790)
刺しゅう糸	濃紅(777)、こげ茶(838)、紫(33)、ベージュ(945)、青(798)、白(BLANC)、黄系マルチ(4080)

B(浅葱)

フェルト	サンド(273)、浅葱(582)、茶(225)、さくら(102)、黒(790)
刺しゅう糸	こげ茶(838)、ライラック(3608)、茶(975)、青(798)、エメラルド(3812)、白(BLANC) ÉTOILE ピンク(C915)、みかん(C972)

A・B共通

その他	わた少量、ブローチピン1個、手縫い糸

作り方

1 表面の型紙をフェルトに写してカットする。
2 鼻筋を顔に重ね、△印からブランケットstで縫いつける。▲印まできたら一旦針を裏側へ出し、つのを裏側に重ね、続けてブランケットstで縫いつける。
3 下あごに2を重ね、ブランケットstで縫いつける。
4 鼻を3に重ね、ブランケットstで縫いつける。
5 4の表側に図案を写す。
6 鼻の穴、耳の穴、目をそれぞれ刺しゅうする。
7 図案もしくは6のできあがりの形に合わせて裏面用の黒のフェルトをカットする。6と合わせて縁まわりの刺し始め位置からわたを入れながらブランケットstでとじる。ブローチピンを縫いつける。

図案

※数字は刺しゅう糸の色番号
※すべて2本どり

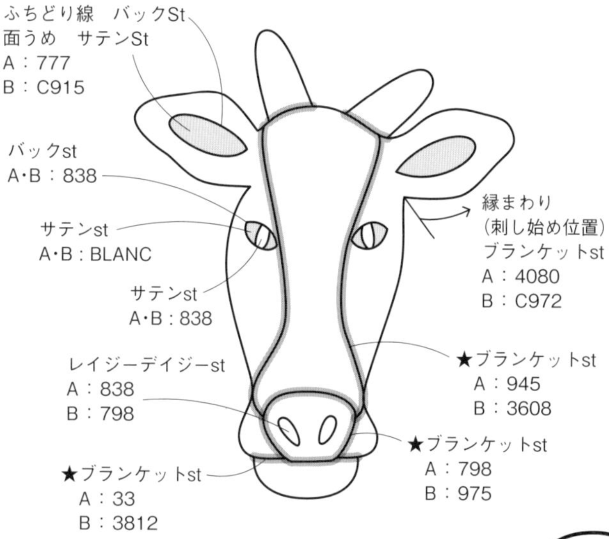

ふちどり線　バックSt
面うめ　サテンSt
A：777
B：C915

バックst
A・B：838

サテンst
A・B：BLANC

サテンst
A・B：838

レイジーデイジーst
A：838
B：798

★ブランケットst
A：33
B：3812

縁まわり
(刺し始め位置)
ブランケットst
A：4080
B：C972

★ブランケットst
A：945
B：3608

★ブランケットst
A：798
B：975

約6.2cm

約5cm

型紙

すべてフェルト
表面：各1枚
裏面：1枚（「裏面の裁ち方」P.37参照）

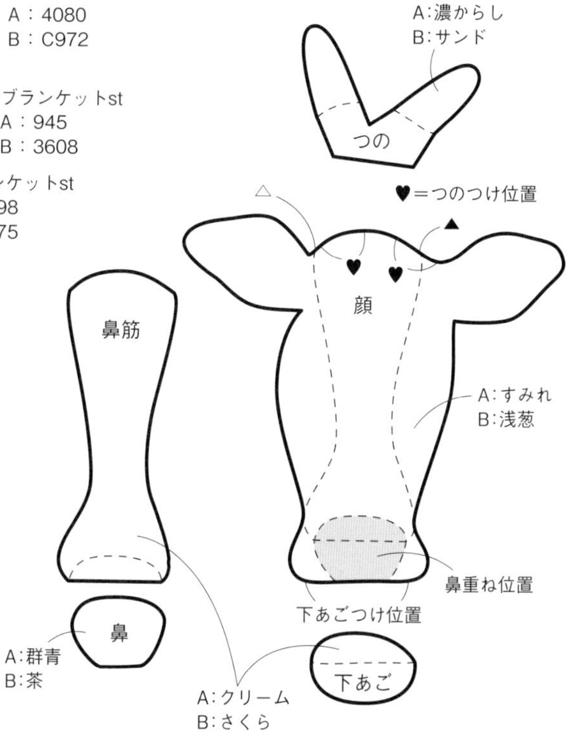

つの
A:濃からし
B:サンド

△

♥＝つのつけ位置

▲

顔
A:すみれ
B:浅葱

鼻重ね位置

下あごつけ位置

鼻筋

鼻
A:群青
B:茶

下あご

A:クリーム
B:さくら

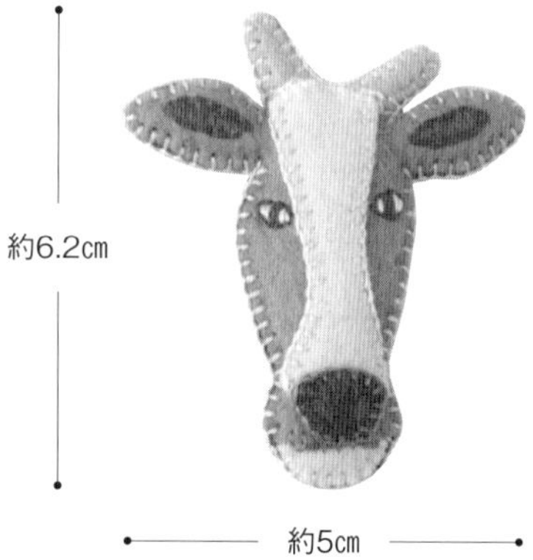

13 ヤギ

Photo ▶ P.11

材料

フェルト	クリーム(331)、カフェオレ(221)、黒(790)
刺しゅう糸	橙(740)、淡黄(745)、さんご(3706) ピンク(3716)、エメラルド(3812)、 紺(796)、フラミンゴ(3771) ÉTOILE 黄緑(C907) RETORS クリーム(2738)
その他	わた少量、ブローチピン1個、手縫い糸

作り方

1 表面の型紙をフェルトに写してカットする。
2 顔に耳①を重ね、ブランケットstで縫いつける。
3 2に角①を重ね、長めのたてまつりで縫いつける。
4 角②の△印どうしと耳②の▲印どうしをそれぞれ3の裏側に重ね、ブランケットstで縫いつける。
5 4の表側に図案を写す。
6 耳、角、顔にそれぞれ刺しゅうする。
7 図案もしくは6のできあがりの形に合わせて裏面用の黒のフェルトをカットする。6と合わせて縁まわりの刺し始め位置からわたを入れながらブランケットstでとじる。ひげの結び目を、ひげつけ位置の2枚の間に挟み、一緒にブランケットstで縫う。ブローチピンを縫いつける。

図案 ※数字は刺しゅう糸の色番号
※指定以外は2本どり

型紙 すべてフェルト
表面：各1枚
裏面：1枚（「裏面の裁ち方」P.37参照）

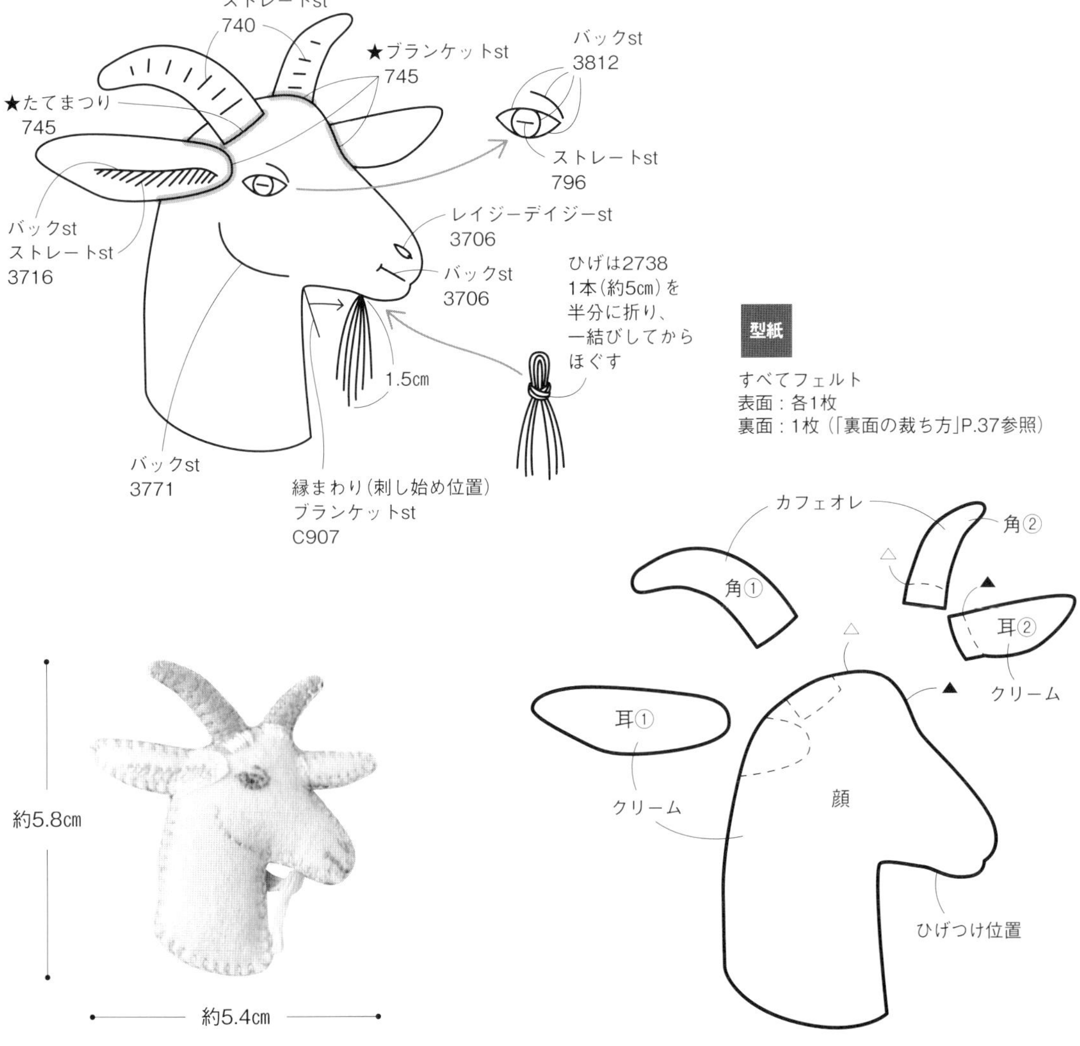

ストレートst
740
★ブランケットst
745
バックst
3812
★たてまつり
745
ストレートst
796
バックst
ストレートst
3716
レイジーデイジーst
3706
バックst
3706
ひげは2738
1本(約5㎝)を
半分に折り、
一結びしてから
ほぐす
1.5㎝
バックst
3771
縁まわり(刺し始め位置)
ブランケットst
C907
カフェオレ
角②
角①
耳②
クリーム
耳①
顔
クリーム
ひげつけ位置
約5.8㎝
約5.4㎝

14 アレックス

Photo ▶ P.12

材料

フェルト　紫(668)、アップルグリーン(450)、淡オレンジ(336)、青緑(569)、黒(790)
刺しゅう糸　濃紅茶(814)、深緑(895)、淡黄(745)、朱赤(3801)、からし(728)、エメラルド(3812)、若葉(906)、渋朱(900)
ÉTOILE クリーム(C738)、青(C820)
COLORIS ピンク系マルチ(4500)
その他　わた少量、ブローチピン1個、手縫い糸

作り方

1 表面の型紙をフェルトに写してカットする。
2 顔に髪を重ね、ブランケットstで縫いつける。
3 2に帽子を重ね、ブランケットstで縫いつける。
4 3にバンダナを重ね、ブランケットstで縫いつける。
5 4の表側に図案を写す。
6 帽子、髪、顔、バンダナにそれぞれ刺しゅうする。
7 図案もしくは6のできあがりの形に合わせて裏面用の黒のフェルトをカットする。6と合わせて縁まわりの刺し始め位置からわたを入れながらブランケットstでとじる。ブローチピンを縫いつける。

図案 ※数字は刺しゅう糸の色番号
※すべて2本どり

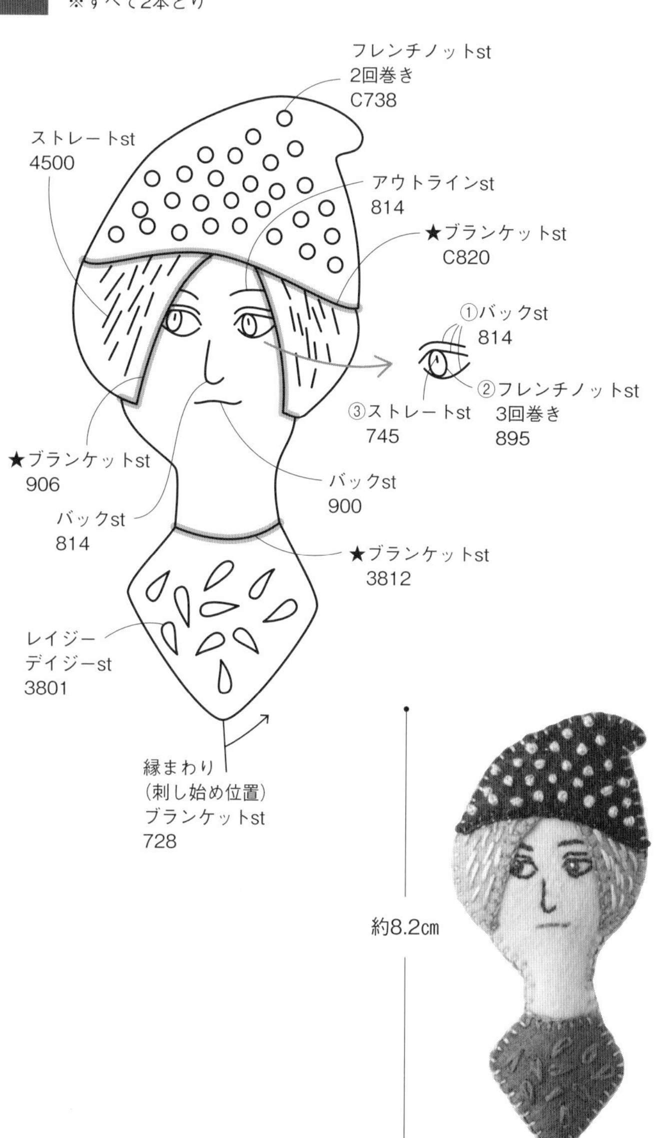

フレンチノットst
2回巻き
C738
ストレートst
4500
アウトラインst
814
★ブランケットst
C820
①バックst
814
②フレンチノットst
3回巻き
895
③ストレートst
745
★ブランケットst
906
バックst
814
バックst
900
★ブランケットst
3812
レイジーデイジーst
3801
縁まわり
(刺し始め位置)
ブランケットst
728
約8.2cm
約3.8cm

型紙

すべてフェルト
表面：各1枚
裏面：1枚（「裏面の裁ち方」P.37参照）

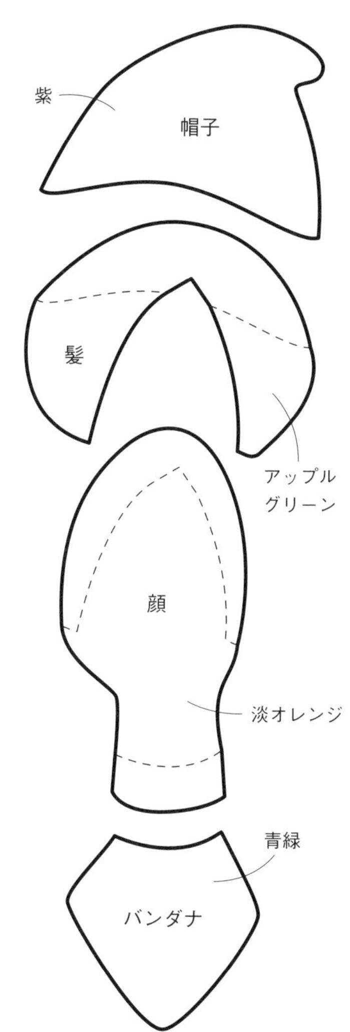

紫
帽子
髪
アップルグリーン
顔
淡オレンジ
青緑
バンダナ

15 森の鳥

Photo ▶ P.13

材料

フェルト	ラムネ(554)、黒(790)
刺しゅう糸	ピンク(3716)、ラムネ(3761)、 つゆ草(155)、淡黄(745)、緑系マルチ(4050) ÉTOILE 青(C820)、ピンク(C915) DIAMANT GRANDÉ ライトシルバー(G168)
その他	わた少量、ブローチピン1個、手縫い糸

作り方

1 表面の型紙をフェルトに写してカットする。
2 1に図案を写して刺しゅうする(くちばしを除く)。
3 型紙を写して裏面用の黒のフェルトをカットする。2と合わせて縁まわりの刺し始め位置からわたを入れながらブランケットstでとじる(くちばしはわたを入れずに、糸を長めに引き出したブランケットstで細かく刺す)。ブローチピンを縫いつける。

図案 ※数字は刺しゅう糸の色番号
※すべて2本どり

バックst
C820
ストレートst
G168
緑まわりとくちばし
(刺し始め位置)
ブランケットst
745
サテンst
3716
レイジー
デイジーst
4050
ストレートst
C915
ストレートst
3761
スプリットst
155
ストレートst
C820

型紙 すべてフェルト
表面：1枚
裏面：1枚(「裏面の裁ち方」P.37参照)

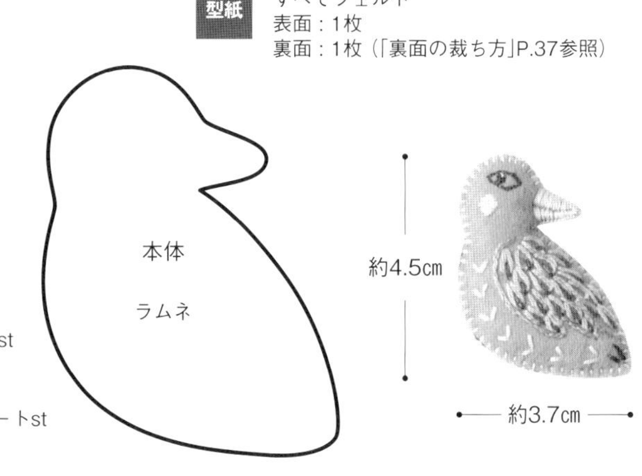
本体
ラムネ
約4.5㎝
約3.7㎝

16 カルダモン

Photo ▶ P.14

材料

A(緑)

フェルト	ライム(443)、黒(790)
刺しゅう糸	緑青(3850)、ラメ赤紫(E718) ÉTOILE 黄緑(C907)、青(C820)

B(ブルー)

フェルト	ラムネ(554)、黒(790)
刺しゅう糸	緑(910)、つゆ草(155) ÉTOILE 濃オレンジ(C900)、 青(C820)

A・B共通

その他	直径5㎜の平丸スパンコール(金)7個 わた少量、ブローチピン1個、 手縫い糸

作り方

1 表面の型紙をフェルトに写してカットする。
2 1に図案を写して刺しゅうをし、スパンコールをフレンチノットstで縫いつける。
3 型紙を写して裏面用の黒のフェルトをカットする。2と合わせて縁まわりをわたを入れながらブランケットstでとじる。ブローチピンを縫いつける。

図案

※数字は刺しゅう糸の色番号
※すべて2本どり

型紙 すべてフェルト
表面：1枚
裏面：1枚
(「裏面の裁ち方」P.37参照)

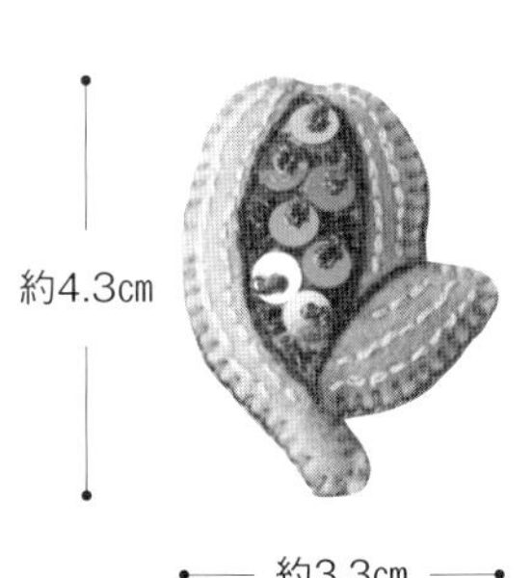
約4.3㎝
約3.3㎝

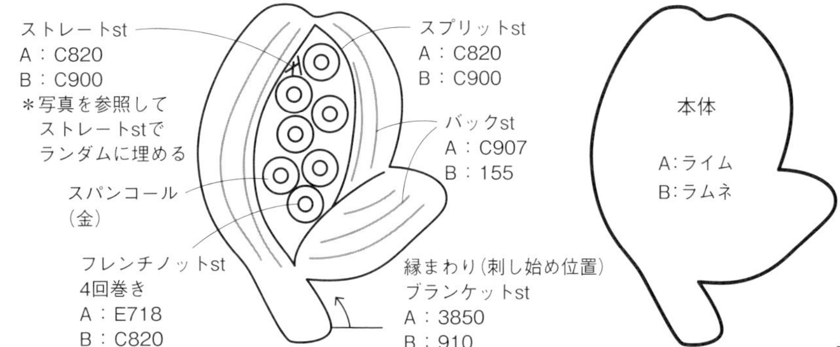
ストレートst
A：C820
B：C900
＊写真を参照して
ストレートstで
ランダムに埋める
スパンコール
(金)
フレンチノットst
4回巻き
A：E718
B：C820
スプリットst
A：C820
B：C900
バックst
A：C907
B：155
縁まわり(刺し始め位置)
ブランケットst
A：3850
B：910
本体
A:ライム
B:ラムネ

17 オウム

Photo▶ P.15

材料

フェルト	淡ブルー(544)、ライラック(623)、 浅葱(582)、レモン(313)、黒(790)
刺しゅう糸	青(798)、緑青(3850)、フォレスト(987)、 つゆ草(155)、橙(740)、マリンブルー(995)、 紫(33)、ラムネ(3761)、白(BLANC)、 ラメ緑(E3849) ÉTOILE 青(C820)
その他	直径5㎜の平丸スパンコール(ペールグリーン) 18個 丸小ビーズ(紺)約24個 わた少量、ブローチピン1個、手縫い糸

作り方

1 表面の型紙をフェルトに写してカットする。
2 顔にくちばしを重ね、ブランケットstで縫いつける。
3 2に目のまわりを重ね、ブランケットstで縫いつける。
4 3を首に重ね、左から右へブランケットstをしながらスパンコールを縫いつける。
5 4の表側に図案を写す。
6 顔、目、くちばしにそれぞれ刺しゅうする。
7 図案もしくは6のできあがりの形に合わせて裏面用の黒のフェルトをカットする。6と合わせて縁まわりの刺し始め位置からわたを入れながら、途中ビーズをつけ、ブランケットstでとじる。ブローチピンを縫いつける。

図案 ※数字は刺しゅう糸の色番号
※指定以外は2本どり

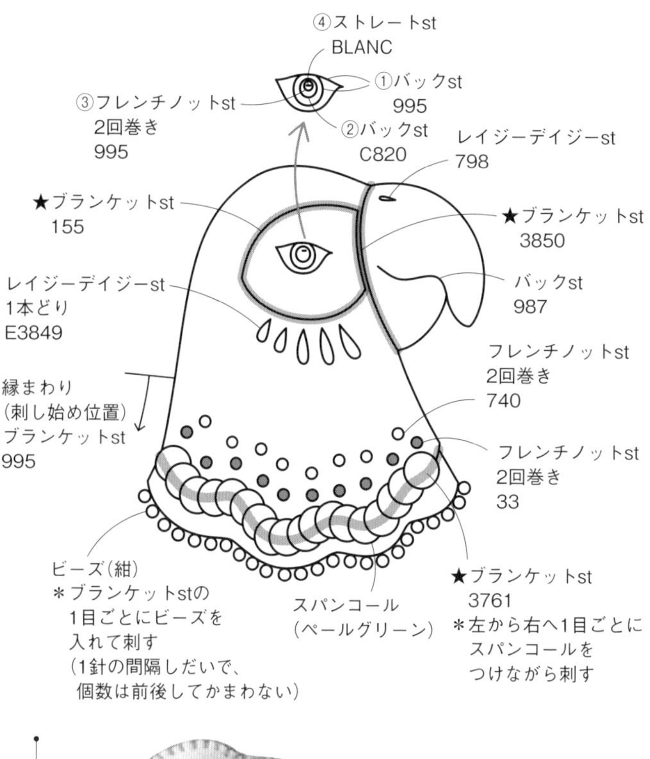
④ストレートst
BLANC
①バックst
995
③フレンチノットst
2回巻き
995
②バックst
C820
レイジーデイジーst
798
★ブランケットst
155
★ブランケットst
3850
バックst
987
レイジーデイジーst
1本どり
E3849
フレンチノットst
2回巻き
740
縁まわり
(刺し始め位置)
ブランケットst
995
フレンチノットst
2回巻き
33
ビーズ(紺)
＊ブランケットstの
1目ごとにビーズを
入れて刺す
(1針の間隔しだいで、
個数は前後してかまわない)
スパンコール
(ペールグリーン)
★ブランケットst
3761
＊左から右へ1目ごとに
スパンコールを
つけながら刺す

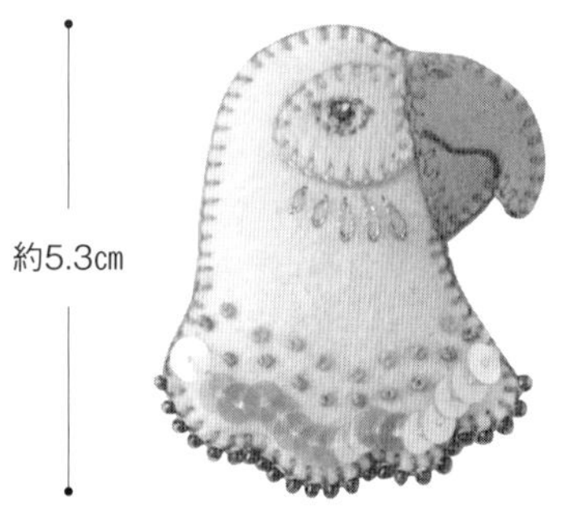
約5.3㎝
約4.5㎝

型紙

すべてフェルト
表面：各1枚
裏面：1枚（「裏面の裁ち方」P.37参照）

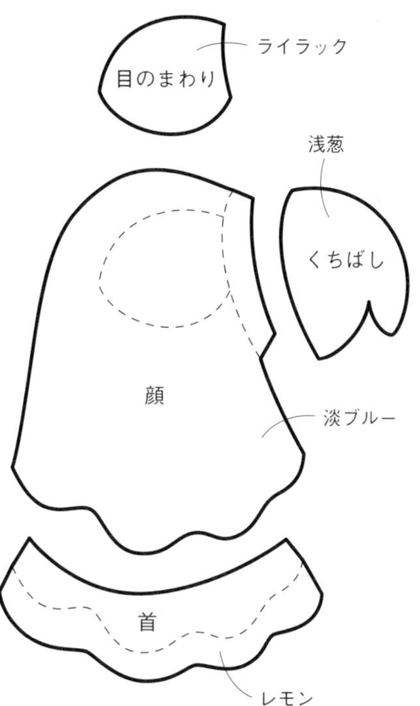
目のまわり
ライラック
浅葱
くちばし
顔
淡ブルー
首
レモン

18 インコ

Photo▶ P.15

材料

フェルト	オフホワイト(701)、マリンブルー(546)、ブルー(552)、淡ブルー(544)、黒(790)
刺しゅう糸	紺(796)、青(798)、こげ茶(838)、ライトカーキ(3012)、花緑青(959)白(BLANC)、淡黄(745)、つゆ草(155)、ラムネ(3761)、黄系マルチ(4080)
その他	丸小ビーズ(水色)20個、(薄紫)20個わた少量、ブローチピン1個、手縫い糸

作り方

1 表面の型紙をフェルトに写してカットする。
2 体に顔を重ね、ブランケットstで縫いつける。
3 2に鼻まわりを重ね、たてまつりで縫いつける。
4 3に羽を重ね、△印から▲印までビーズ(25個)をつけながらブランケットstで縫いつける。
5 4の表側に図案を写す。
6 顔、鼻まわり、体、羽にそれぞれ刺しゅうする。
7 図案もしくは6のできあがりの形に合わせて裏面用の黒のフェルトをカットする。6と合わせて縁まわりの刺し始め位置からわたを入れながら、途中ビーズ(15個)をつけ、ブランケットstでとじる。ブローチピンを縫いつける。

図案

※数字は刺しゅう糸の色番号
※すべて2本どり

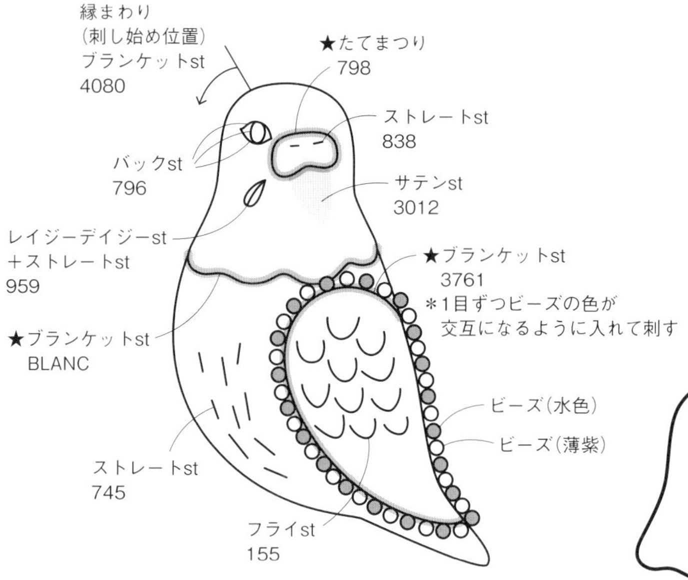

縁まわり
(刺し始め位置)
ブランケットst
4080

★たてまつり
798

ストレートst
838

バックst
796

サテンst
3012

レイジーデイジーst
+ストレートst
959

★ブランケットst
3761
＊1目ずつビーズの色が
交互になるように入れて刺す

★ブランケットst
BLANC

ビーズ(水色)

ビーズ(薄紫)

ストレートst
745

フライst
155

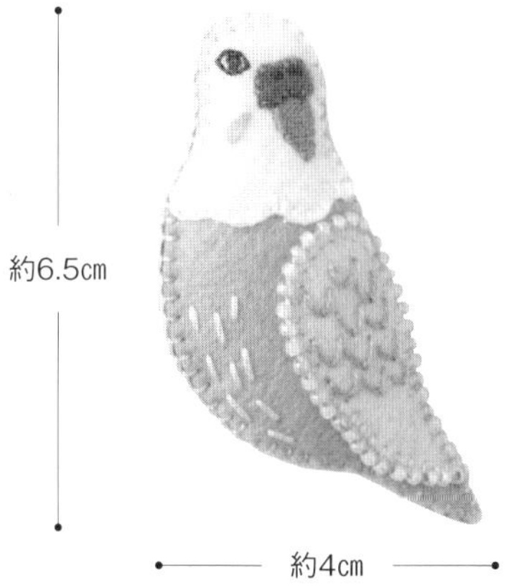

約6.5㎝

約4㎝

型紙

すべてフェルト
表面：各1枚
裏面：1枚（「裏面の裁ち方」P.37参照）

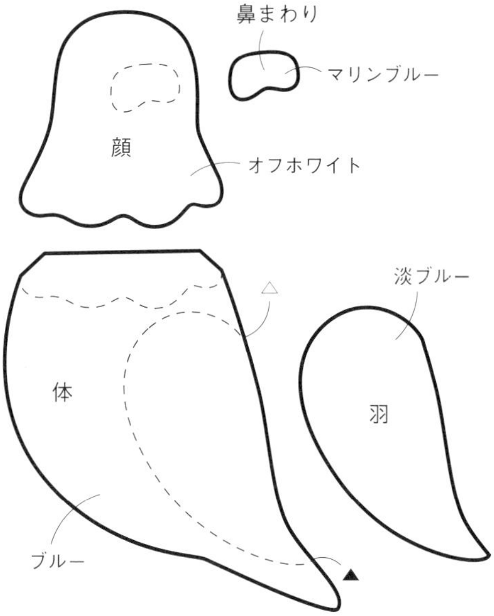

鼻まわり
マリンブルー
顔
オフホワイト
△
淡ブルー
体
羽
ブルー
▲

20 レイチェル

Photo ▶ P.16

材料

フェルト	深紅(120)、淡サーモンピンク(301)、黒(790)
刺しゅう糸	濃紅(777)、こげ茶(838)、花緑青(959)、プラム(601)、スカイブルー(3839) ラメ赤(E321)、ラメ青(E3843) ÉTOILE 青(C820)
その他	わた少量、ブローチピン1個、手縫い糸

作り方

1 表面の型紙をフェルトに写してカットする。
2 顔に髪を重ね、ブランケットstで縫いつける。
3 2の表側に図案を写す。
4 顔と髪にそれぞれ刺しゅうする。
5 図案もしくは4のできあがりの形に合わせて裏面用の黒のフェルトをカットする。4と合わせて縁まわりの刺し始め位置からわたを入れながらブランケットstでとじる。ブローチピンを縫いつける。

図案 ※数字は刺しゅう糸の色番号
※指定以外は2本どり

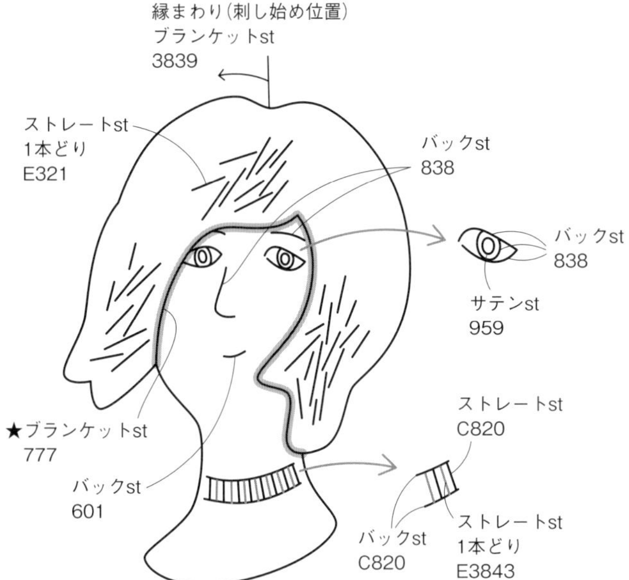

緑まわり(刺し始め位置)
ブランケットst
3839
ストレートst
1本どり
E321
バックst
838
バックst
838
サテンst
959
★ブランケットst
777
バックst
601
ストレートst
C820
バックst
C820
ストレートst
1本どり
E3843

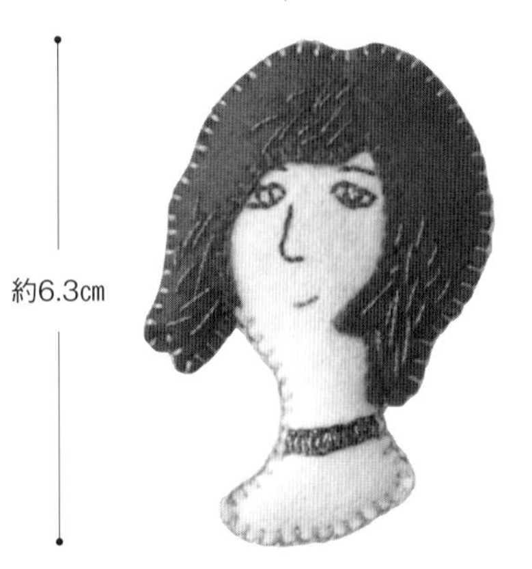

約6.3cm
約4.5cm

型紙

すべてフェルト
表面：各1枚
裏面：1枚（「裏面の裁ち方」P.37参照）

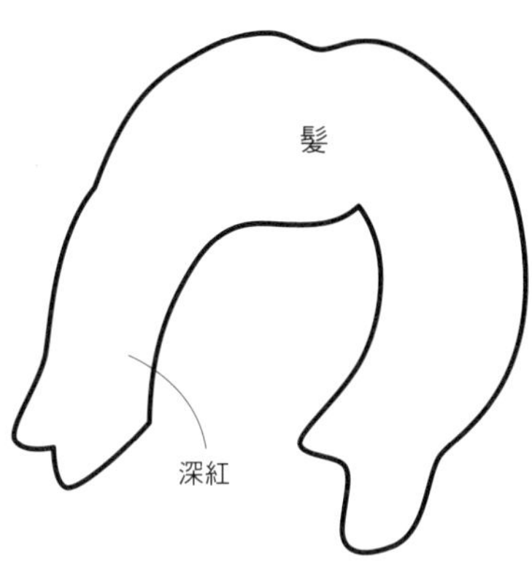

髪
深紅

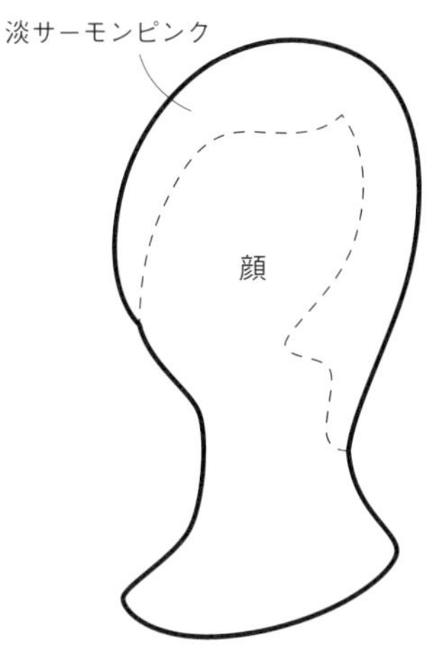

淡サーモンピンク
顔

21 ネコのジェイミー＆ジニー

Photo ▶ P.16

材料

A(ジェイミー)

フェルト　青緑(569)、すみれ(661)、黒(790)
刺しゅう糸　若草(704)、紫(33)、ラメ金(E3821)
ÉTOILE ピンク(C915)、青(C820)
DIAMANT GRANDÉ ライトシルバー(G168)

B(ジニー)

フェルト　オレンジ(370)、ワインレッド(118)
黒(790)
刺しゅう糸　若葉(906)、濃紅(777)、ラメ緑(E3849)
ÉTOILE ピンク(C915)、青(C820)
DIAMANT GRANDÉ ライトシルバー(G168)

A・B共通

その他　丸小ビーズ(シルバー)10個
わた少量、ブローチピン1個、手縫い糸

作り方

1 表面の型紙をフェルトに写してカットする。
2 顔に左耳穴・右耳穴を重ね、それぞれたてまつりで縫いつける。
3 2の表側に図案を写す。
4 顔に刺しゅうする。
5 型紙を写して裏面用の黒のフェルトをカットする。4と合わせて縁まわりの刺し始め位置からわたを入れながら、途中ビーズをつけ、ブランケットstでとじる。ブローチピンを縫いつける。

図案

※数字は刺しゅう糸の色番号
※指定以外は2本どり

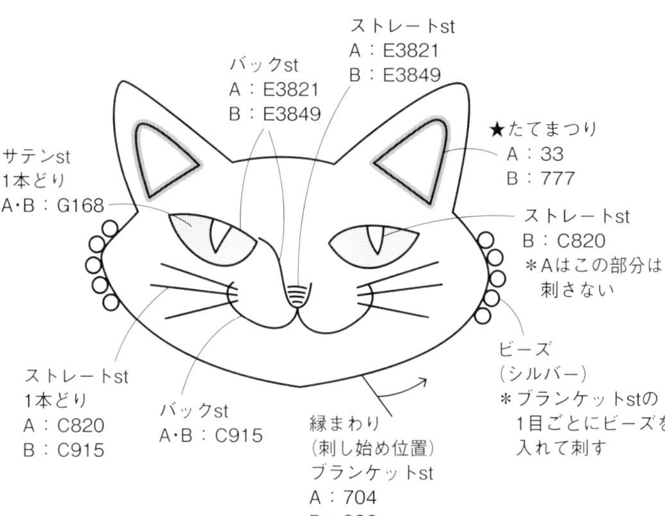
ストレートst
A：E3821
B：E3849
バックst
A：E3821
B：E3849
★たてまつり
A：33
B：777
サテンst
1本どり
A・B：G168
ストレートst
B：C820
＊Aはこの部分は
刺さない
ビーズ
(シルバー)
＊ブランケットstの
1目ごとにビーズを
入れて刺す
ストレートst
1本どり
A：C820
B：C915
バックst
A・B：C915
縁まわり
(刺し始め位置)
ブランケットst
A：704
B：906

約4cm
約5.3cm

型紙

すべてフェルト
表面：各1枚
裏面：1枚(「裏面の裁ち方」P.37参照)

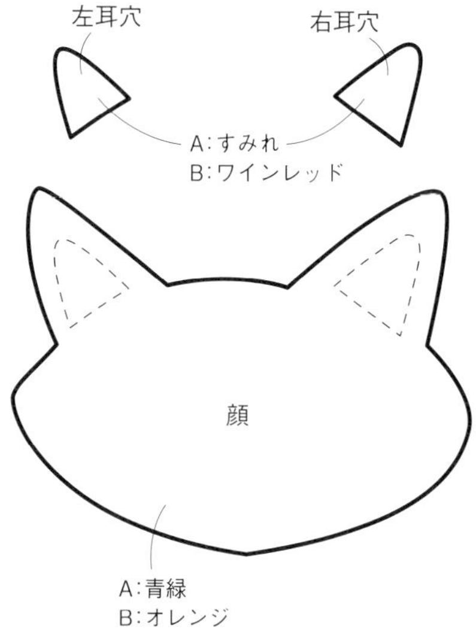
左耳穴
右耳穴
A:すみれ
B:ワインレッド
顔
A:青緑
B:オレンジ

22 イヌのバディ

Photo ▶ P.17

材料

フェルト	サンド(273)、わさび(442)、黒(790)
刺しゅう糸	グレージュ(524)、こげ茶(838)、茶(975)、濃紅(777)、さんご(3706)、白(BLANC)、ライトカーキ(3012) ÉTOILE オレンジ(C740)
その他	丸小ビーズ(青)8個、(黄緑)8個 わた少量、ブローチピン1個、手縫い糸

作り方

1 表面の型紙をフェルトに写してカットする。
2 顔に耳を重ね、△印から▲印までたてまつりで縫いつけ、その後はふさふさした毛のイメージで、長短のストレートstで縫いつける。
3 2の表側に図案を写す。
4 顔に鼻以外の刺しゅうをし、ビーズを縫いつける。
5 図案もしくは4のできあがりの形に合わせて裏面用の黒のフェルトをカットする。4と合わせて、鼻部分にわたを入れずに細かいブランケットstをする。
6 縁まわりの刺し始め位置からわたを入れながらブランケットstでとじる。ブローチピンを縫いつける。

図案 ※数字は刺しゅう糸の色番号
※すべて2本どり

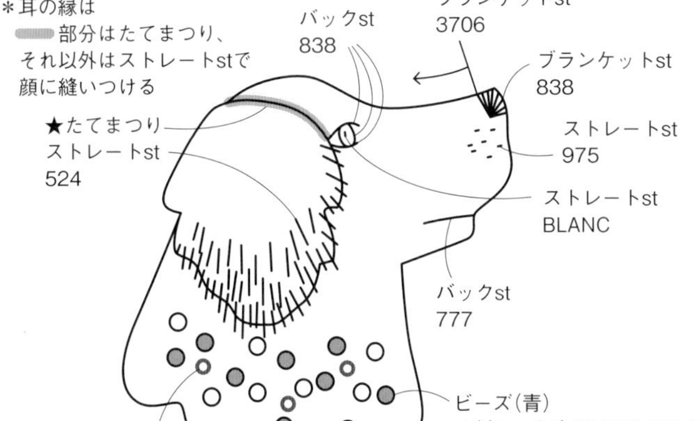
＊耳の縁は
部分はたてまつり、
それ以外はストレートstで
顔に縫いつける
★たてまつり
ストレートst
524
バックst
838
縁まわり(刺し始め位置)
ブランケットst
3706
ブランケットst
838
ストレートst
975
ストレートst
BLANC
バックst
777
ビーズ(青)
＊刺しゅう糸3012でつける
フレンチノットst
2回巻き
C740
ビーズ(黄緑)
＊刺しゅう糸3012でつける

型紙

すべてフェルト
表面：各1枚
裏面：1枚(「裏面の裁ち方」P.37参照)

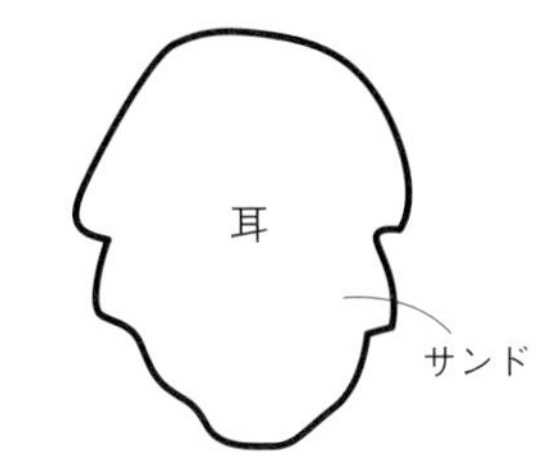
耳
サンド

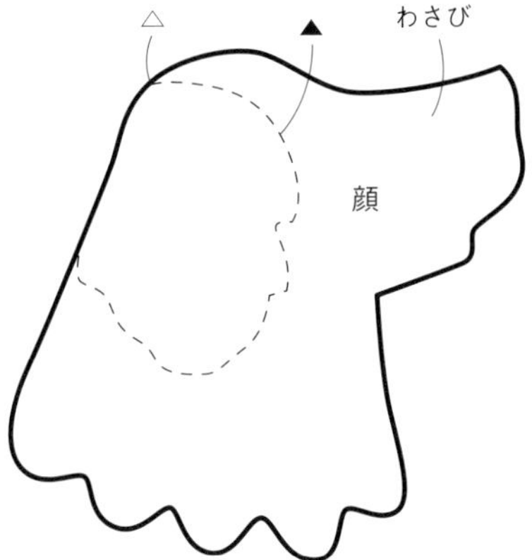
△
▲
わさび
顔

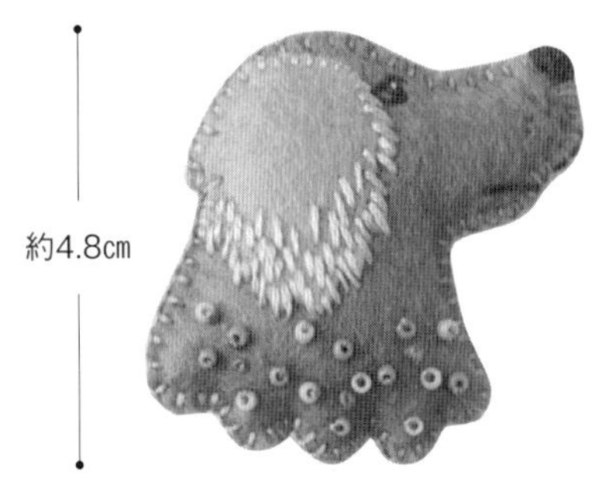
約4.8cm
約4.7cm

23 デイビッド

Photo ▶ P.17

材料

フェルト	柿(144)、ライム(443)、淡オレンジ(336)、ワインレッド(118)、黒(790)
刺しゅう糸	渋朱(900)、ローアンバー(680)、茶(975)、抹茶(470)、濃紅(777)、若葉(906)、エメラルド(3812)、青緑(807)
その他	わた少量、ブローチピン1個、手縫い糸

作り方

1 表面の型紙をフェルトに写してカットする。
2 顔に髪、ひげ、衿をそれぞれ重ね、ブランケットstで縫いつける。
3 2の表側に図案を写す。
4 髪、顔、衿にそれぞれ刺しゅうする。
5 図案もしくは4のできあがりの形に合わせて裏面用の黒のフェルトをカットする。4と合わせて縁まわりの刺し始め位置からわたを入れながらブランケットstでとじる。ブローチピンを縫いつける。

図案 ※数字は刺しゅう糸の色番号
※すべて2本どり

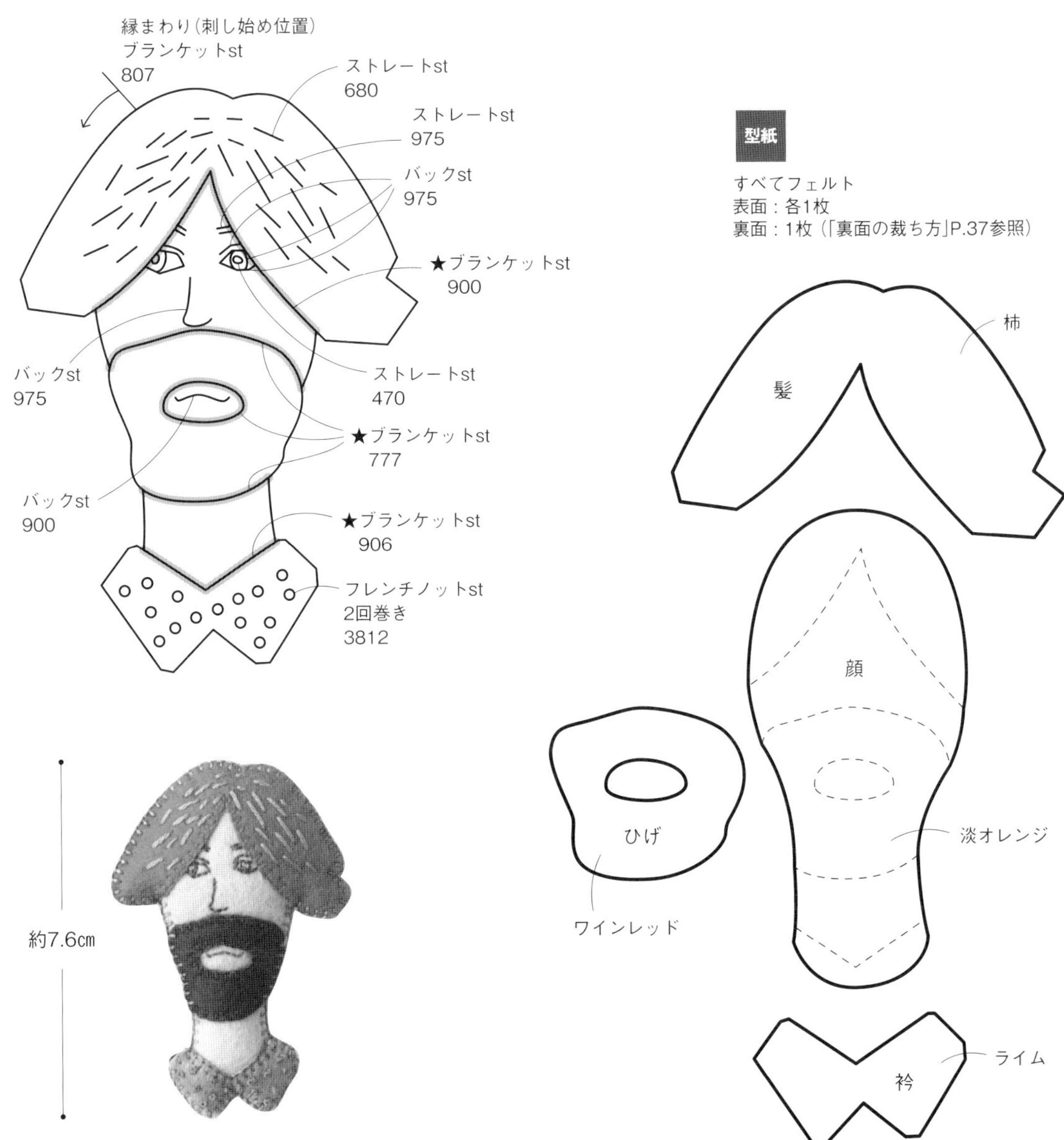

縁まわり(刺し始め位置)
ブランケットst
807
ストレートst
680
ストレートst
975
バックst
975
★ブランケットst
900
バックst
975
ストレートst
470
★ブランケットst
777
バックst
900
★ブランケットst
906
フレンチノットst
2回巻き
3812
約7.6cm
約5.4cm
型紙
すべてフェルト
表面：各1枚
裏面：1枚（「裏面の裁ち方」P.37参照）
柿
髪
顔
淡オレンジ
ひげ
ワインレッド
ライム
衿

24 オレンジ

Photo ▶ P.18

材料

フェルト	レモン(313)、キャロット(139)、黒(790)
刺しゅう糸	若葉(906)、みかん(972)、赤(347)、 濃紅茶(814)、渋朱(900)、黄系マルチ(4080) ÉTOILE オレンジ(C740)、みかん(C972)、 濃オレンジ(C900)
その他	わた少量、ブローチピン1個、手縫い糸

作り方

1 表面の型紙をフェルトに写してカットする。
2 皮に実を、△印を合わせて重ね、ブランケットstで縫いつける。
3 2の表側に図案を写す。
4 実と皮にそれぞれ刺しゅうする。
5 図案もしくは4のできあがりの形に合わせて裏面用の黒のフェルトをカットする。4と合わせて縁まわりの刺し始め位置からわたを入れながらブランケットstでとじる。ブローチピンを縫いつける。

図案 ※数字は刺しゅう糸の色番号
※すべて2本どり

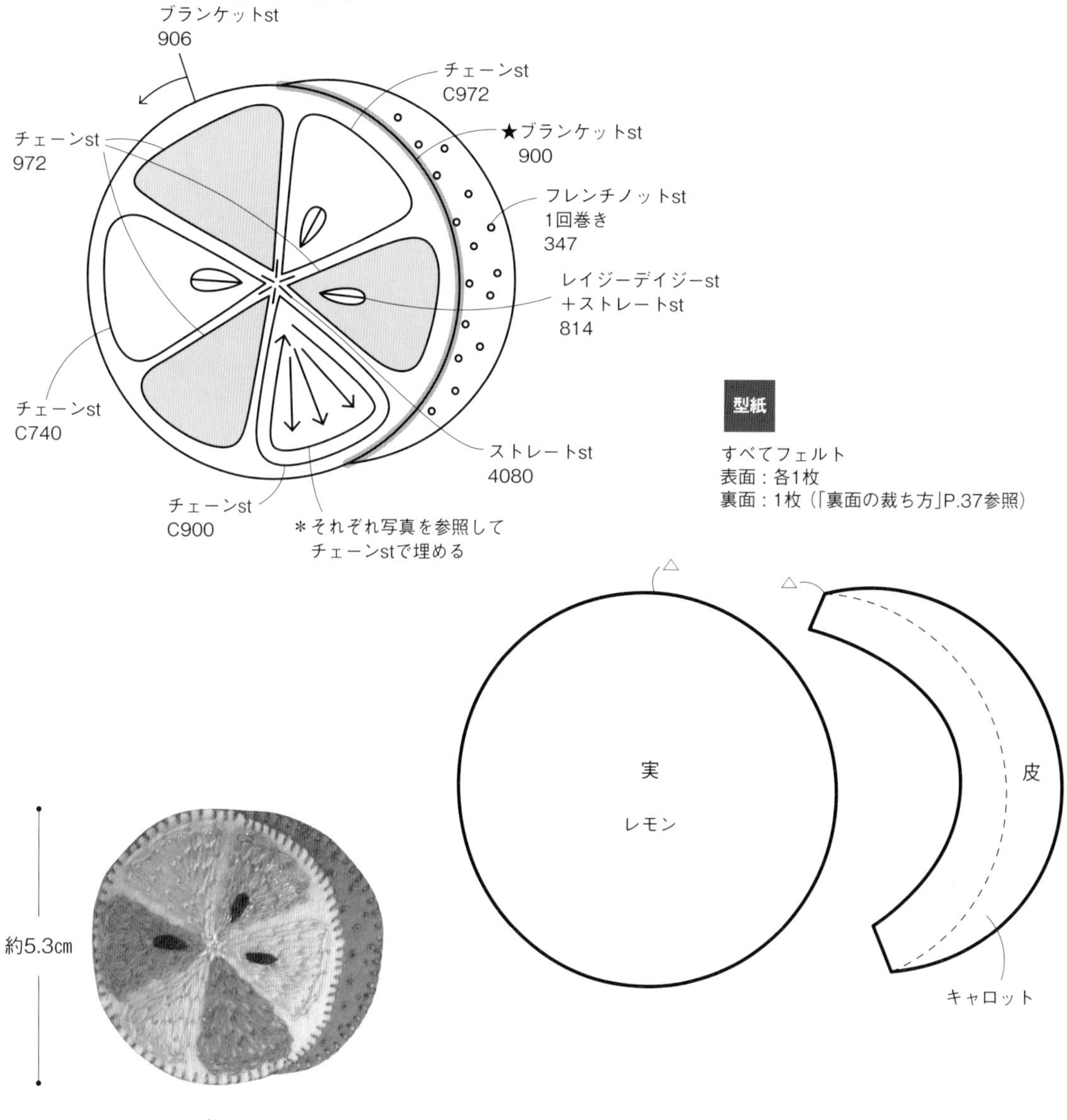
縁まわり(刺し始め位置)
ブランケットst
906
チェーンst
C972
★ブランケットst
900
チェーンst
972
フレンチノットst
1回巻き
347
レイジーデイジーst
+ストレートst
814
チェーンst
C740
ストレートst
4080
チェーンst
C900
＊それぞれ写真を参照して
チェーンstで埋める
型紙
すべてフェルト
表面：各1枚
裏面：1枚（「裏面の裁ち方」P.37参照）
△
△
実
レモン
皮
キャロット
約5.3cm
約5.8cm

25 通称シュガー

Photo ▶ P.18

材料

フェルト	ワインレッド(118)、カフェオレ(221)、ラムネ(554)、黒(790)
刺しゅう糸	若草(704)、若葉(906)、渋朱(900)、こげ茶(838)、紺(796)、赤(347)、ターコイズ(3846)、白(BLANC)、フラミンゴ(3771)、ラメ金(E3821) ÉTOILE こげ茶(C3371)
その他	直径6㎜の亀甲スパンコール(ラメ黄緑)5個 わた少量、ブローチピン1個、手縫い糸

作り方

1 表面の型紙をフェルトに写してカットする。
2 髪に顔を重ね、ブランケットstで縫いつける。
3 1に服を重ね、ブランケットstで縫いつける。
4 3の表側に図案を写す。
5 髪、顔、服にそれぞれ刺しゅうをし、スパンコールを縫いつける。
6 図案もしくは5のできあがりの形に合わせて裏面用の黒のフェルトをカットする。5と合わせて縁まわりの刺し始め位置からわたを入れながらブランケットstでとじる。ブローチピンを縫いつける。

図案 ※数字は刺しゅう糸の色番号
※すべて2本どり

型紙

すべてフェルト
表面：各1枚
裏面：1枚（「裏面の裁ち方」P.37参照）

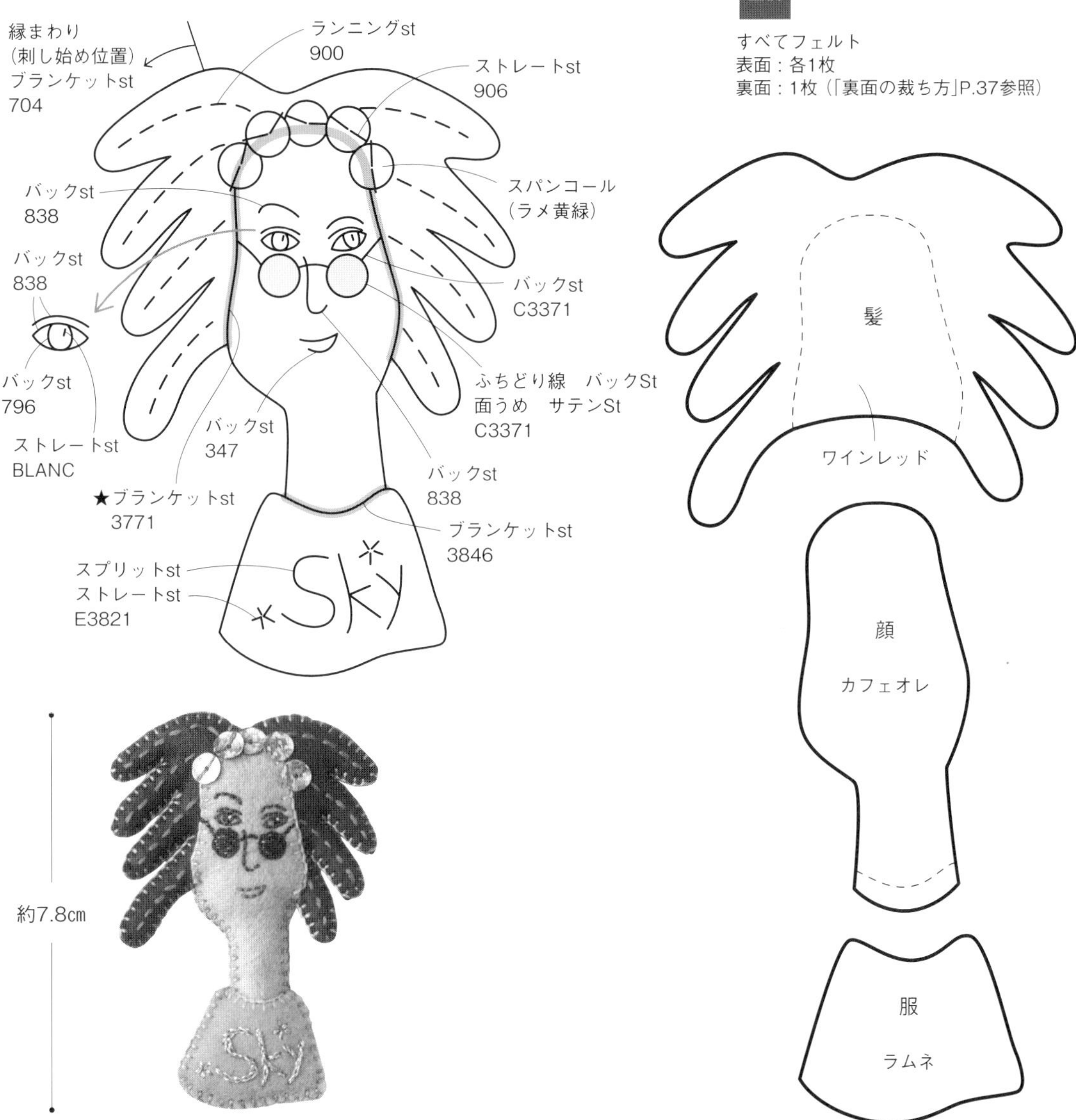

縁まわり
(刺し始め位置)
ブランケットst
704
ランニングst
900
ストレートst
906
スパンコール
(ラメ黄緑)
バックst
838
バックst
838
バックst
C3371
バックst
796
ストレートst
BLANC
ふちどり線 バックSt
面うめ サテンSt
C3371
バックst
347
★ブランケットst
3771
バックst
838
ブランケットst
3846
スプリットst
ストレートst
E3821
SKY
約7.8㎝
約5.5㎝
髪
ワインレッド
顔
カフェオレ
服
ラムネ

26 カエル

Photo ▶ P.19

材料

フェルト	ライム(443)、黒(790)
刺しゅう糸	マロン(300)、淡黄(745)、深緑(895)、 プラム(601)、フォレスト(987)、 緑系マルチ(4050)、ラメ緑(E3849) ÉTOILE 青(C820)
その他	丸小ビーズ(ペールグリーン)12個 わた少量、ブローチピン1個、手縫い糸

作り方

1 表面の型紙をフェルトに写してカットする。
2 1の表側に図案を写す。
3 本体に刺しゅうする。
4 型紙を写して裏面用の黒のフェルトをカットする。3と合わせて縁まわりの刺し始め位置からわたを入れながら、途中ビーズをつけ、ブランケットstでとじる。ブローチピンを縫いつける。

図案 ※数字は刺しゅう糸の色番号
※すべて2本どり

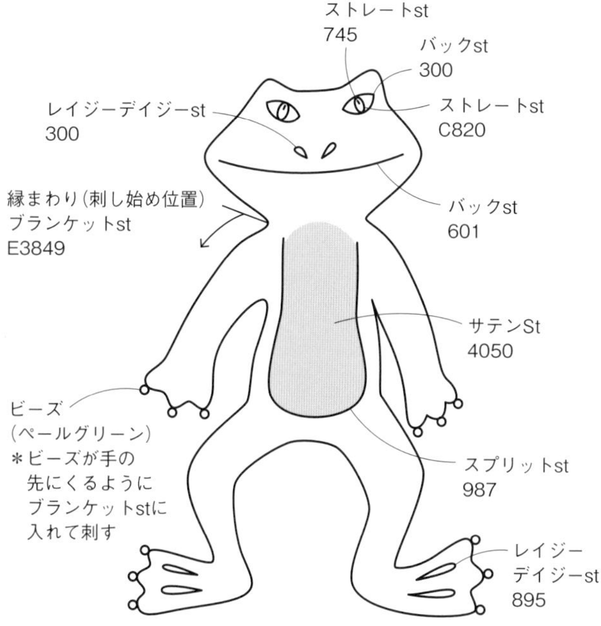
ストレートst
745
バックst
300
レイジーデイジーst
300
ストレートst
C820
縁まわり(刺し始め位置)
ブランケットst
E3849
バックst
601
サテンSt
4050
ビーズ
(ペールグリーン)
＊ビーズが手の
先にくるように
ブランケットstに
入れて刺す
スプリットst
987
レイジー
デイジーst
895

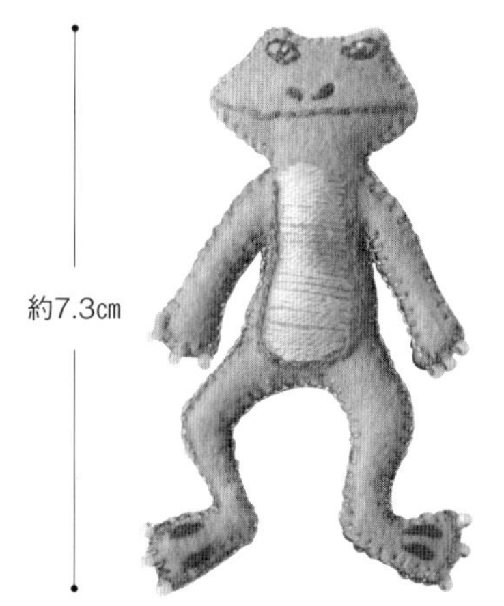
約7.3㎝
約4.5㎝

型紙

すべてフェルト
表面：1枚
裏面：1枚(「裏面の裁ち方」P.37参照)

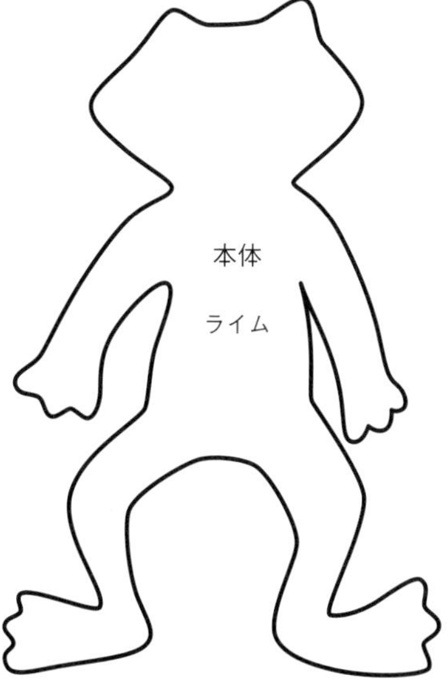
本体
ライム

27 パイナップル

Photo ▶ P.19

材料

フェルト	モスグリーン(444)、濃からし(334)、黒(790)
刺しゅう糸	つゆ草(155)、フォレスト(987)、柿茶(3853)、ローアンバー(680)、濃紅茶(814)、黄緑(907)
その他	直径6mmの亀甲スパンコール(ラメ薄茶)17個、(ラメ白)2個 丸小ビーズ(白)7個 わた少量、ブローチピン1個、手縫い糸

作り方

1 表面の型紙をフェルトに写してカットする。
2 実に葉を重ね、ブランケットstで縫いつける。
3 2の表側に図案を写す。
4 葉に刺しゅうする。
5 実にスパンコールを縫いつけてから、隙間にストレートstを刺す。
6 図案もしくは5のできあがりの形に合わせて裏面用の黒のフェルトをカットする。5と合わせて①の縁まわりの刺し始め位置からわたを入れながら、途中ビーズをつけ、ブランケットstで葉をとじる。②縁まわりの刺し始めから同様に実をとじる。ブローチピンを縫いつける。

図案 ※数字は刺しゅう糸の色番号
※指定以外は2本どり

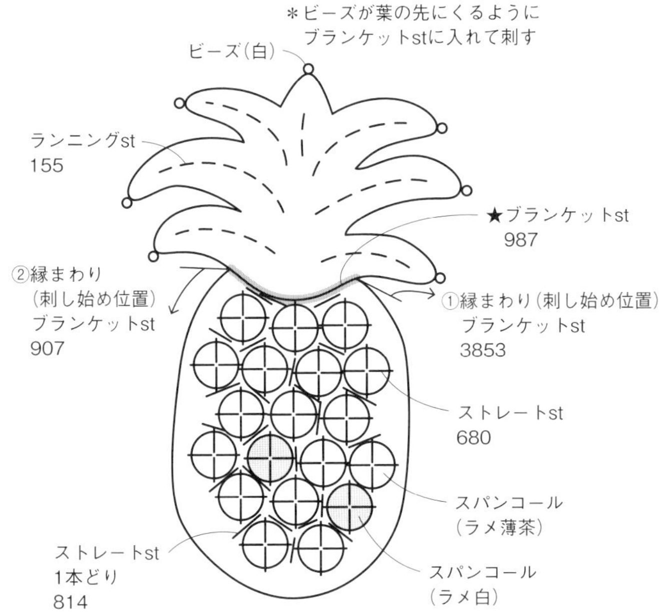

＊ビーズが葉の先にくるように
ブランケットstに入れて刺す
ビーズ(白)
ランニングst
155
★ブランケットst
987
②縁まわり
(刺し始め位置)
ブランケットst
907
①縁まわり(刺し始め位置)
ブランケットst
3853
ストレートst
680
スパンコール
(ラメ薄茶)
ストレートst
1本どり
814
スパンコール
(ラメ白)

約7cm
約4.5cm

型紙

すべてフェルト
表面：各1枚
裏面：1枚（「裏面の裁ち方」P.37参照）

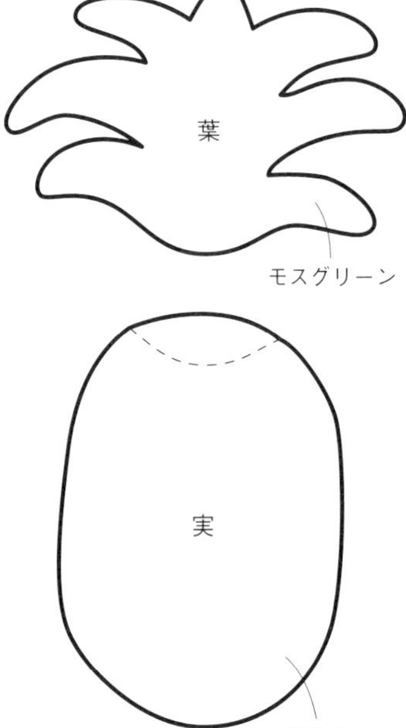

葉
モスグリーン
実
濃からし

28 マーガレット

Photo▶ P.20

材料

フェルト	オレンジ(370)、黒(790)
刺しゅう糸	紺(796)、からし(728)、ローズ(602)、 黄系マルチ(4080) ÉTOILE みかん(C972)
その他	直径6mmの亀甲スパンコール(ラメ白)8個 丸小ビーズ(オレンジ)4個、(ピンク)4個、 (紺)24個 わた少量、ブローチピン1個、手縫い糸

作り方

1 表面の型紙をフェルトに写してカットする。
2 本体に刺しゅうをし、スパンコールとビーズを縫いつける。
3 型紙を写して裏面用の黒のフェルトをカットする。2と合わせて縁まわりの刺し始め位置からわたを入れながらブランケットstでとじる。ブローチピンを縫いつける。

図案 ※数字は刺しゅう糸の色番号
※すべて2本どり

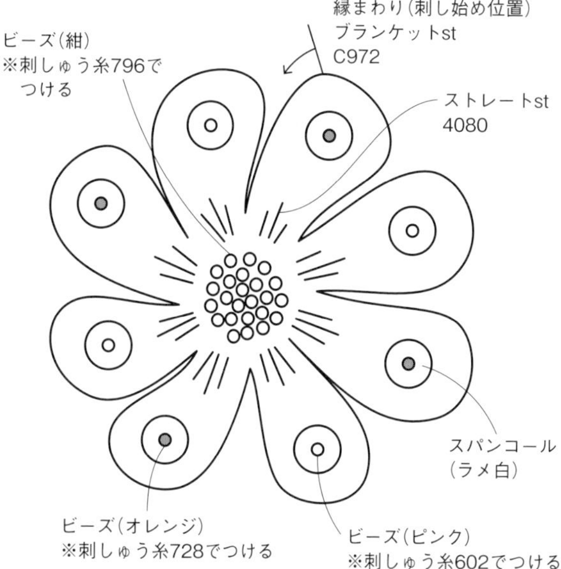

縁まわり(刺し始め位置)
ブランケットst
C972
ビーズ(紺)
※刺しゅう糸796でつける
ストレートst
4080
スパンコール
(ラメ白)
ビーズ(オレンジ)
※刺しゅう糸728でつける
ビーズ(ピンク)
※刺しゅう糸602でつける

型紙

すべてフェルト
表面：1枚
裏面：1枚（「裏面の裁ち方」P.37参照）

本体
オレンジ

約5.8cm
約6cm

29 ライオン

Photo▶ P.20

材料

フェルト	淡ベージュ(213)、濃からし(334)、群青(538)、黒(790)
刺しゅう糸	濃紅茶(814)、青(798)、プラム(601)、ラメ黄系マルチ(E135) ÉTOILE クリーム(C738)
その他	わた少量、ブローチピン1個、手縫い糸

作り方

1 表面の型紙をフェルトに写してカットする。
2 顔に鼻を重ね、ブランケットstで縫いつける。
3 たてがみに2を重ね、ブランケットstで縫いつける。
4 3の表側に図案を写す。
5 顔、たてがみにそれぞれ刺しゅうする。
6 たてがみの型紙を写して裏面用の黒のフェルトをカットする。5と合わせて縁まわりの刺し始め位置からわたを入れながらブランケットstでとじる。ブローチピンを縫いつける。

図案 ※数字は刺しゅう糸の色番号
※指定以外は2本どり

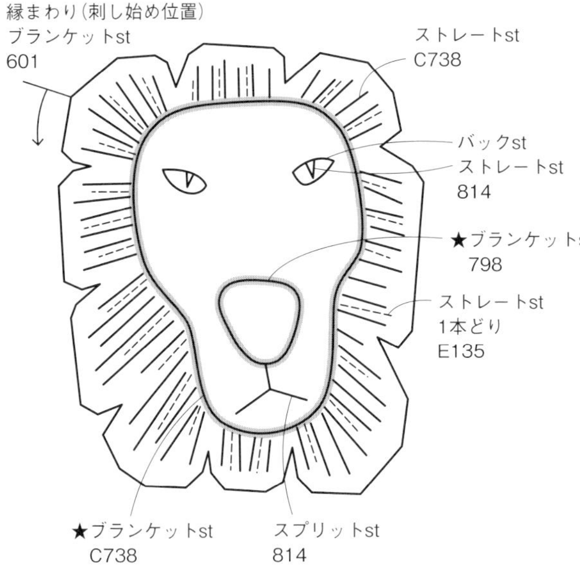
縁まわり(刺し始め位置)
ブランケットst
601
ストレートst
C738
バックst
ストレートst
814
★ブランケットst
798
ストレートst
1本どり
E135
★ブランケットst
C738
スプリットst
814

約5.8㎝
約4.8㎝

型紙

すべてフェルト
表面：各1枚
裏面：1枚（「裏面の裁ち方」P.37参照）

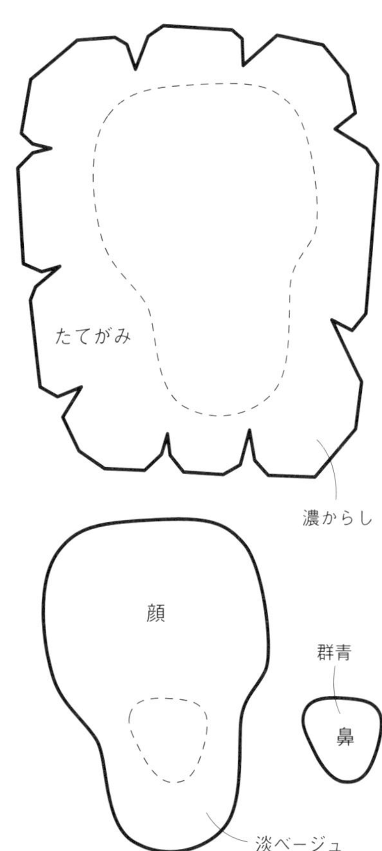
たてがみ
濃からし
顔
群青
鼻
淡ベージュ

30 メンフクロウ

Photo▶ P.21

材料

フェルト	クリーム(331)、浅葱(582)、濃からし(334)、黒(790)
刺しゅう糸	淡黄(745)、ライトカーキ(3012)、紫(33)、からし(728)、ブルー(3325)、ききょう(208)、花緑青(959) COLORIS ピンク系マルチ(4500) ÉTOILE みかん(C972)、青(C820)
その他	丸小ビーズ(メタルグリーン)9個、(ピンク)10個 わた少量、ブローチピン1個、手縫い糸

作り方

1 表面の型紙をフェルトに写してカットする。
2 体に顔を重ね、ブランケットstで縫いつける。
3 足に2を重ね、ストレートstで縫いつける。
4 3の表側に図案を写す。
5 顔、体にそれぞれ刺しゅうをし、羽部分はフライstをしながらビーズを縫いつける。
6 図案もしくは5のできあがりの形に合わせて裏面用の黒のフェルトをカットする。5と合わせて縁まわりの刺し始め位置からわたを入れながらブランケットstでとじる。ブローチピンを縫いつける。

図案 ※数字は刺しゅう糸の色番号
※すべて2本どり

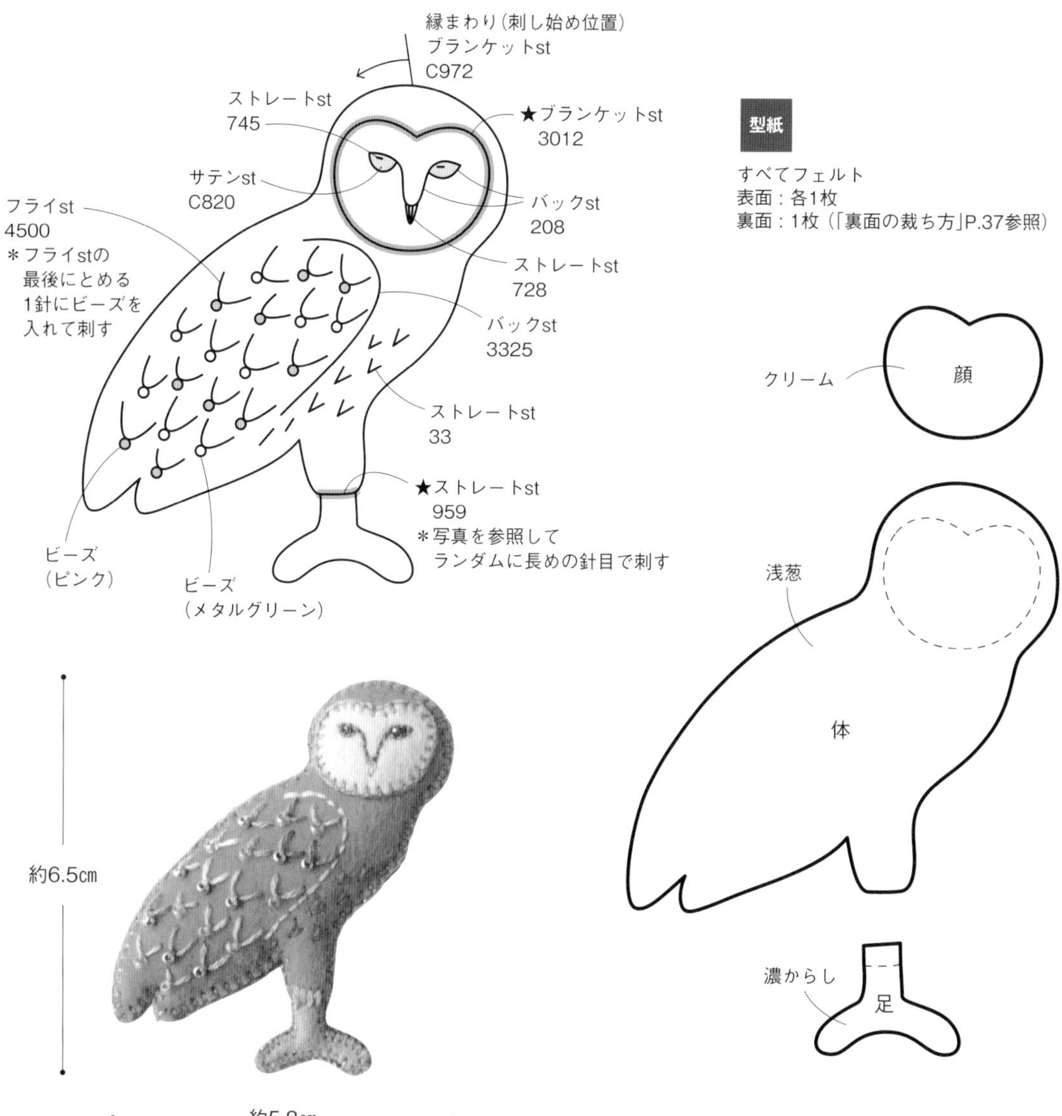

縁まわり(刺し始め位置)
ブランケットst
C972
ストレートst
745
★ブランケットst
3012
サテンst
C820
バックst
208
フライst
4500
＊フライstの最後にとめる1針にビーズを入れて刺す
ストレートst
728
バックst
3325
ストレートst
33
★ストレートst
959
＊写真を参照してランダムに長めの針目で刺す
ビーズ(ピンク)
ビーズ(メタルグリーン)
約6.5cm
約5.8cm
型紙
すべてフェルト
表面：各1枚
裏面：1枚(「裏面の裁ち方」P.37参照)
クリーム
顔
浅葱
体
濃からし
足

31 キツネ

Photo▶ P.21

材料

フェルト　キャロット(139)、オフホワイト(701)、淡ベージュ(213)、黒(790)
刺しゅう糸　濃紅茶(814)、ローアンバー(680)、渋朱(900)、淡黄(745)、白(BLANC)、マロン(300)、こげ茶(838)
ÉTOILE みかん(C972)
その他　わた少量、ブローチピン1個、手縫い糸

作り方

1 表面の型紙をフェルトに写してカットする。
2 顔下に顔上を重ね、ブランケットstで縫いつける。
3 2に左目と右目を重ね、それぞれたてまつりで縫いつける。
4 3の表側に図案を写す。
5 左目、右目、顔上、顔下にそれぞれ刺しゅうする。
6 図案もしくは5のできあがりの形に合わせて裏面用の黒のフェルトをカットする。5と合わせて縁まわりの刺し始め位置からわたを入れながらブランケットstでとじる。ブローチピンを縫いつける。

図案　※数字は刺しゅう糸の色番号
※すべて2本どり

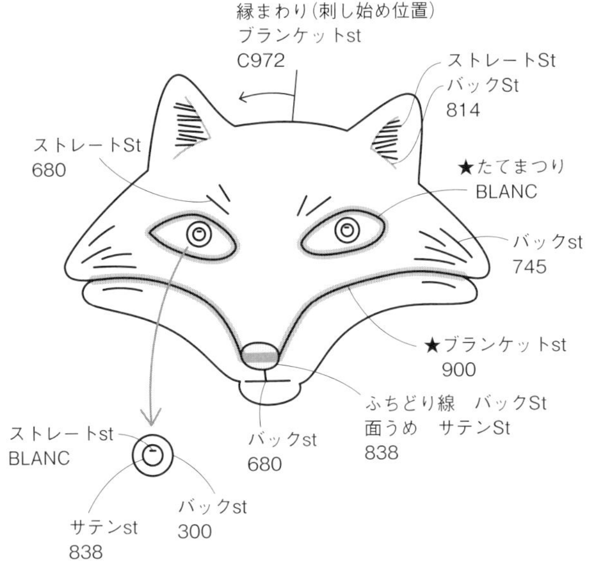
縁まわり(刺し始め位置)
ブランケットst
C972
ストレートSt
バックSt
814
ストレートSt
680
★たてまつり
BLANC
バックst
745
★ブランケットst
900
ふちどり線　バックSt
面うめ　サテンSt
838
バックst
680
ストレートst
BLANC
バックst
300
サテンst
838

約4.4cm
約5.8cm

型紙

すべてフェルト
表面：各1枚
裏面：1枚（「裏面の裁ち方」P.37参照）

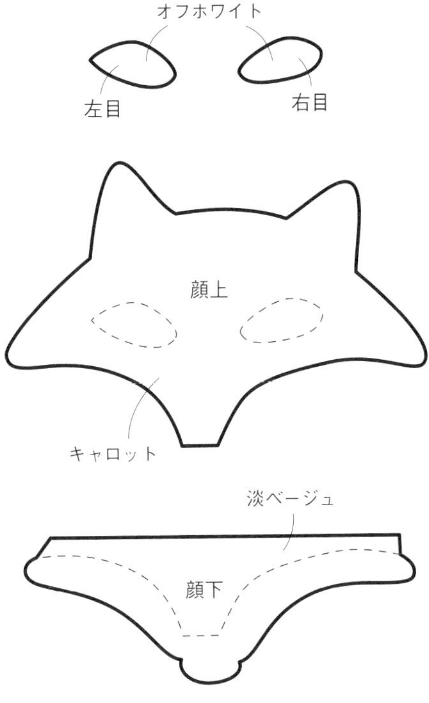
オフホワイト
左目
右目
顔上
キャロット
淡ベージュ
顔下

32 ウサギ

Photo ▶ P.22

材料

フェルト　コーラルレッド(105)、黒(790)
刺しゅう糸　うす赤紫(3607)、こげ茶(838)、ライトマリン(996)、さんご(3706)、プラム(601)、柿茶(3853)、花緑青(959)、ÉTOILE みかん(C972)、ピンク(C915)
その他　丸小ビーズ(ペールグリーン)4個
わた少量、ブローチピン1個、手縫い糸

作り方

1 表面の型紙をフェルトに写してカットする。
2 耳に本体を重ね、ブランケットstで縫いつける。
3 2の表側に図案を写す。
4 本体に刺しゅうをし、ビーズを縫いつける。
5 図案もしくは4のできあがりの形に合わせて裏面用の黒のフェルトをカットする。4と合わせて縁まわりの刺し始め位置からわたを入れながらブランケットstでとじる。ブローチピンを縫いつける。

図案 ※数字は刺しゅう糸の色番号
※すべて2本どり

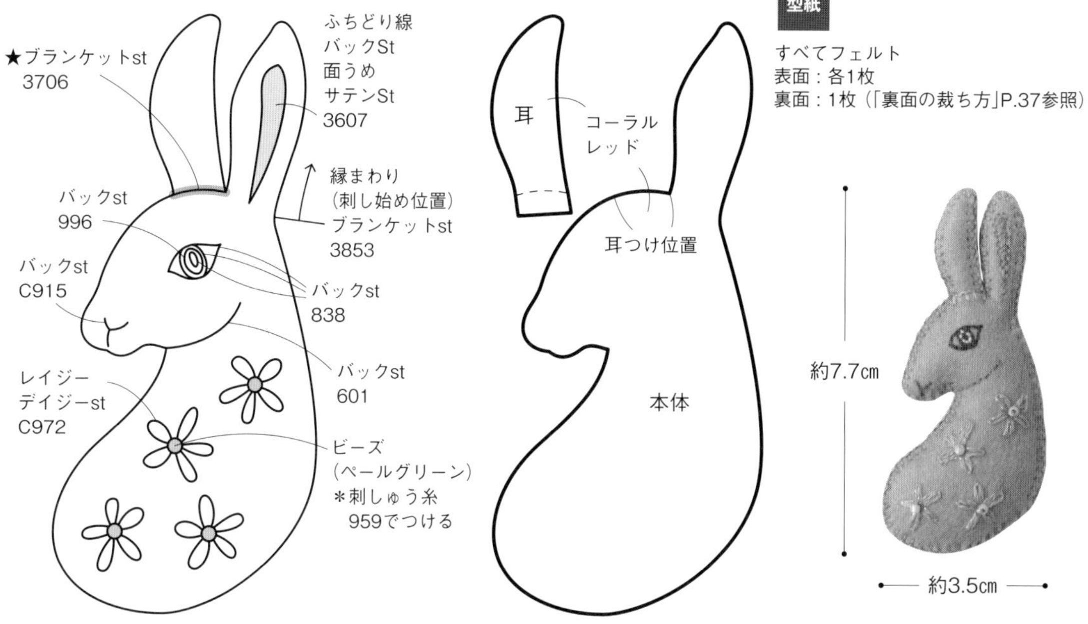

★ブランケットst
3706
ふちどり線
バックSt
面うめ
サテンSt
3607
縁まわり
(刺し始め位置)
ブランケットst
3853
バックst
996
バックst
C915
バックst
838
バックst
601
レイジー
デイジーst
C972
ビーズ
(ペールグリーン)
＊刺しゅう糸
959でつける
耳
コーラル
レッド
耳つけ位置
本体
型紙
すべてフェルト
表面：各1枚
裏面：1枚（「裏面の裁ち方」P.37参照）
約7.7cm
約3.5cm

41 ヘビ

Photo ▶ P.26

材料

フェルト　モスグリーン(444)、黒(790)
刺しゅう糸　エメラルド(3812)、うす赤紫(3607)、白(BLANC)、黄系マルチ(4080)、ラメ赤(E321)
ÉTOILE こげ茶(C3371)
その他　わた少量、ブローチピン1個、手縫い糸

作り方

1 型紙を表面と裏面のフェルトに写してカットする。
2 表面に図案を写して刺しゅうする。
3 2と裏面を合わせて縁まわりの刺し始め位置からわたを入れながらブランケットstでとじる。舌の結び目を、舌つけ位置の表と裏の間に挟み、一緒にブランケットstをする。ブローチピンを縫いつける。

図案 ※数字は刺しゅう糸の色番号
※すべて2本どり

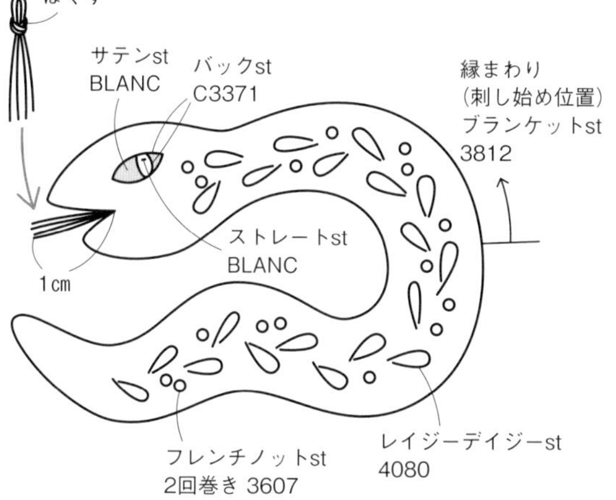

舌はE321(約3cm)
1本を半分に折り、
一結びしてから
ほぐす
サテンst
BLANC
バックst
C3371
縁まわり
(刺し始め位置)
ブランケットst
3812
ストレートst
BLANC
1cm
フレンチノットst
2回巻き 3607
レイジーデイジーst
4080

34 キリン

Photo ▶ P.23

材料

フェルト　黄(332)、黒(790)
刺しゅう糸　柿茶(3853)、フラミンゴ(3771)、深緑(895)、マロン(300)、橙(740)、マリーゴールド(608)、ローアンバー(680)、コーラルレッド(893)
ÉTOILE クリーム(C738)、黄緑(C907)
その他　丸小ビーズ(白)4個
わた少量、ブローチピン1個、手縫い糸

作り方

1 表面の型紙をフェルトに写してカットする。
2 1の表側に図案を写す。
3 本体に刺しゅうする。
4 型紙を写して裏面用の黒のフェルトをカットする。3と合わせて縁まわりの刺し始め位置からわたを入れながら、途中ビーズをつけ、ブランケットstでとじる。ブローチピンを縫いつける。

図案　※数字は刺しゅう糸の色番号
※すべて2本どり

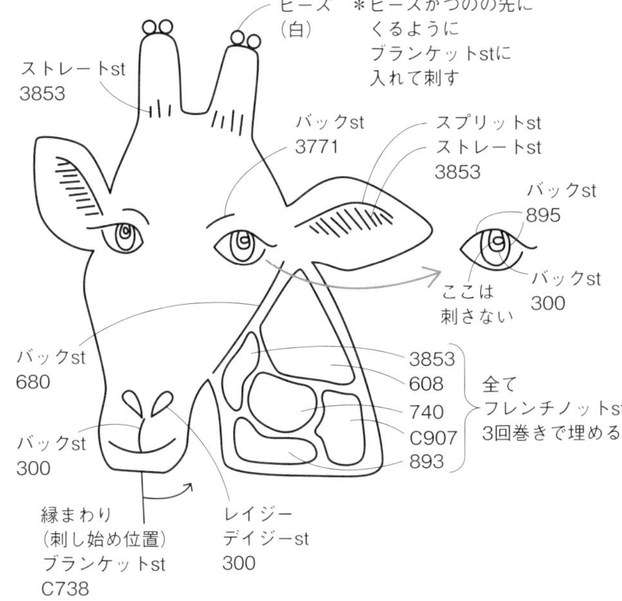

ビーズ(白)
＊ビーズがつのの先にくるようにブランケットstに入れて刺す
ストレートst 3853
バックst 3771
スプリットst
ストレートst 3853
バックst 895
ここは刺さない
バックst 300
バックst 680
3853
608
740
C907
893
全てフレンチノットst 3回巻きで埋める
バックst 300
縁まわり(刺し始め位置)ブランケットst C738
レイジーデイジーst 300

型紙　すべてフェルト
表面：1枚
裏面：1枚（「裏面の裁ち方」P.37参照）

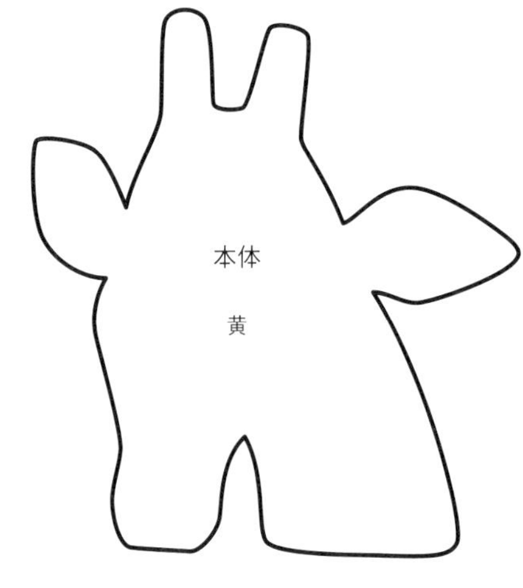

本体
黄

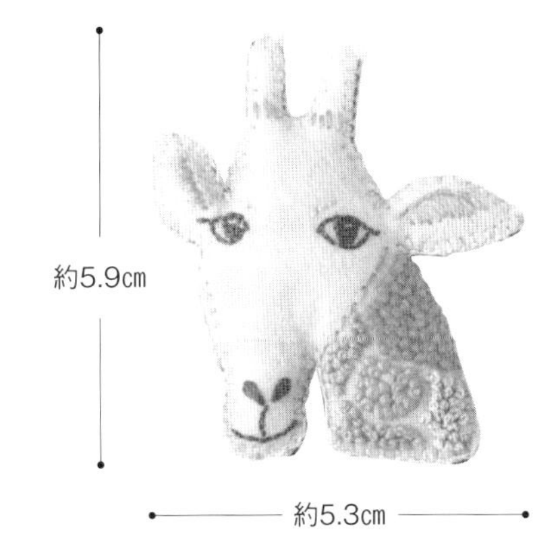

約5.9cm
約5.3cm

型紙　すべてフェルト
表面：1枚
裏面：1枚（「裏面の裁ち方」P.37参照）

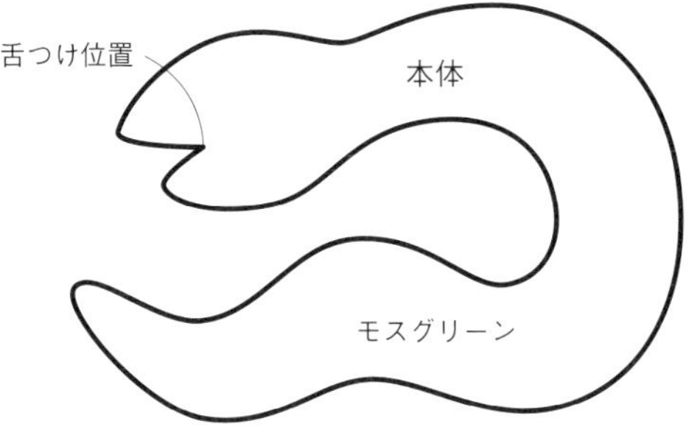

舌つけ位置
本体
モスグリーン

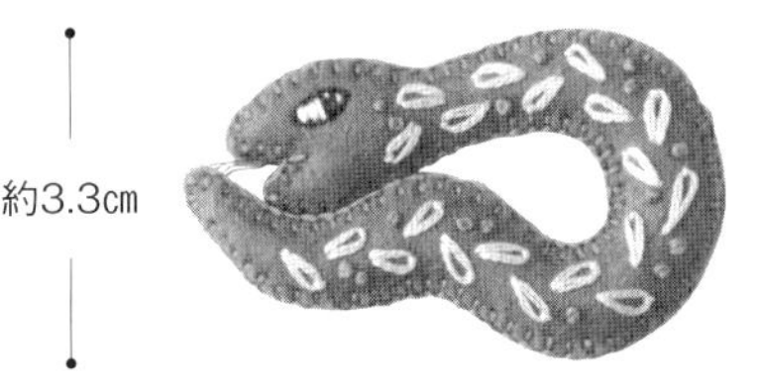

約3.3cm
約5.7cm

35 サル

Photo▶ P.23

材料

フェルト	濃からし(334)、サーモンピンク(302)、黒(790)
刺しゅう糸	深碧(3815)、こげ茶(838)、さくら(761)、さんご(3706)、プラム(601) ÉTOILE みかん(C972)、ピンク(C915)
その他	わた少量、ブローチピン1個、手縫い糸

作り方

1 表面の型紙をフェルトに写してカットする。
2 本体に顔を重ね、ブランケットstで縫いつける。
3 2の表側に図案を写す。
4 顔、本体にそれぞれ刺しゅうする。
5 図案もしくは4のできあがりの形に合わせて裏面用の黒のフェルトをカットする。4と合わせて縁まわりの刺し始め位置からわたを入れながらブランケットstでとじる。ブローチピンを縫いつける。

図案 ※数字は刺しゅう糸の色番号
※すべて2本どり

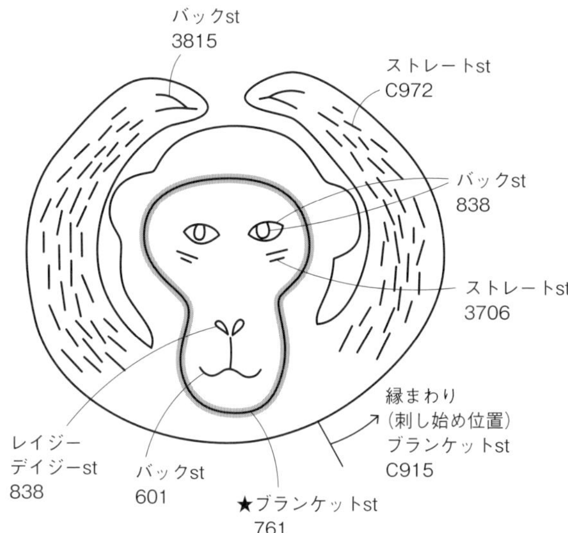
バックst
3815
ストレートst
C972
バックst
838
ストレートst
3706
縁まわり
(刺し始め位置)
ブランケットst
C915
レイジーデイジーst
838
バックst
601
★ブランケットst
761

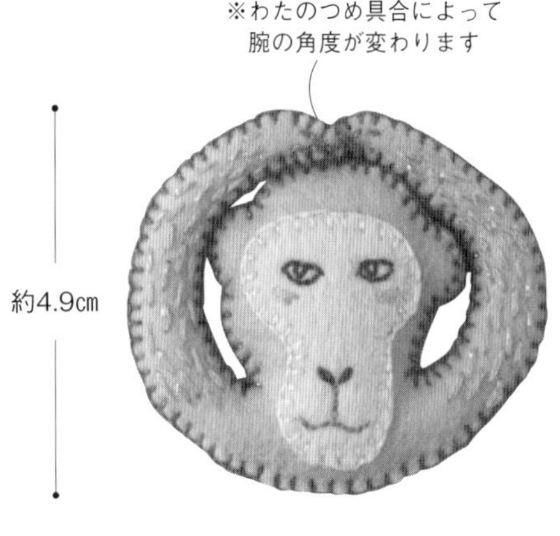
※わたのつめ具合によって
腕の角度が変わります
約4.9cm
約5.4cm

型紙

すべてフェルト
表面：各1枚
裏面：1枚（「裏面の裁ち方」P.37参照）

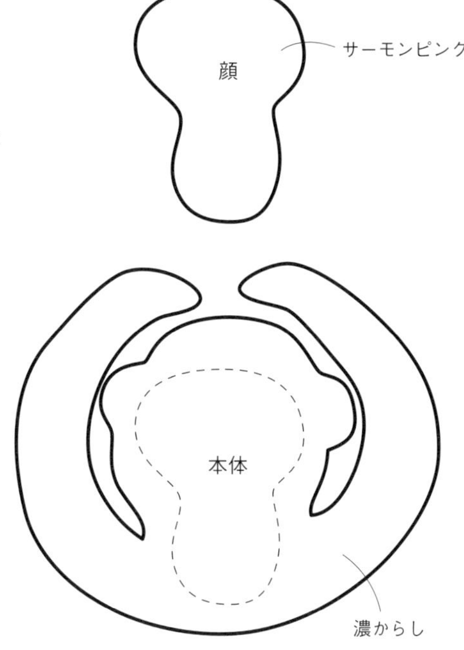
顔
サーモンピンク
本体
濃からし

36 ペンギン

Photo▶ P.24

材料

フェルト	シアン(583)、青磁(434)、黒(790)
刺しゅう糸	若草(704)、ライトマリン(996)、 さんご(3706)、橙(740)、白(BLANC) ラメ黄緑(E703) ÉTOILE 青(C820)
その他	わた少量、ブローチピン1個、手縫い糸

作り方

1 表面の型紙をフェルトに写してカットする。
2 下半身に上半身を重ね、ブランケットstで縫いつける。
3 2に左足と右足を重ね、それぞれブランケットstで縫いつける。
4 3の表側に図案を写す。
5 上半身、下半身にそれぞれ刺しゅうする(くちばしを除く)。
6 図案もしくは5のできあがりの形に合わせて裏面用の黒のフェルトをカットする。5と合わせて、くちばし部分にわたを入れずに細かいブランケットstをする。
7 縁まわりの刺し始め位置からわたを入れながらブランケットstでとじる。ブローチピンを縫いつける。

図案 ※数字は刺しゅう糸の色番号
※指定以外は2本どり

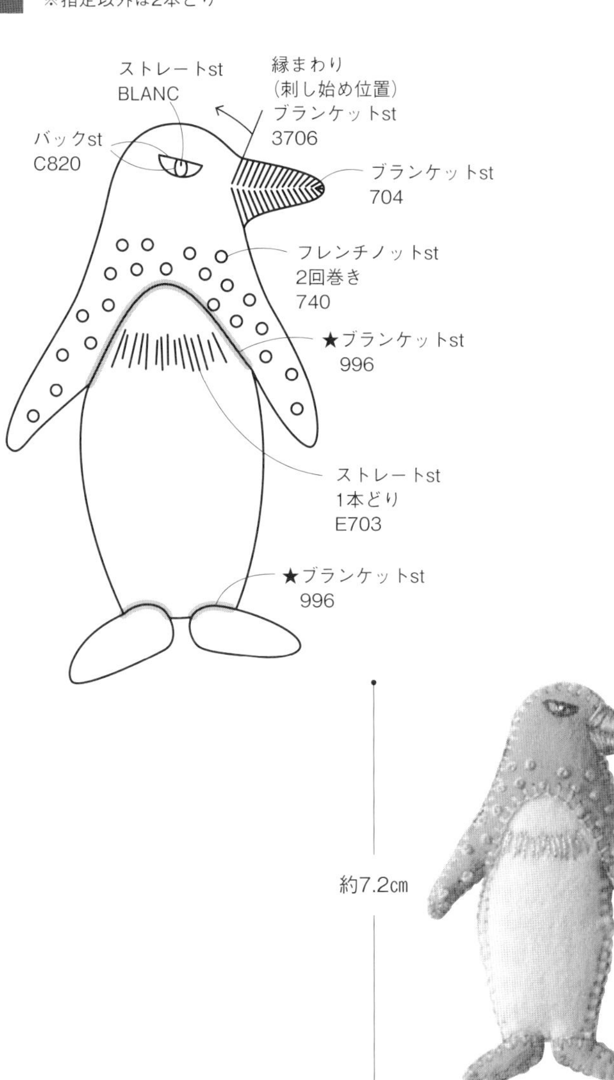
ストレートst
BLANC
縁まわり
(刺し始め位置)
ブランケットst
3706
バックst
C820
ブランケットst
704
フレンチノットst
2回巻き
740
★ブランケットst
996
ストレートst
1本どり
E703
★ブランケットst
996
約7.2cm
約4cm

型紙

すべてフェルト
表面:各1枚
裏面:1枚(「裏面の裁ち方」P.37参照)

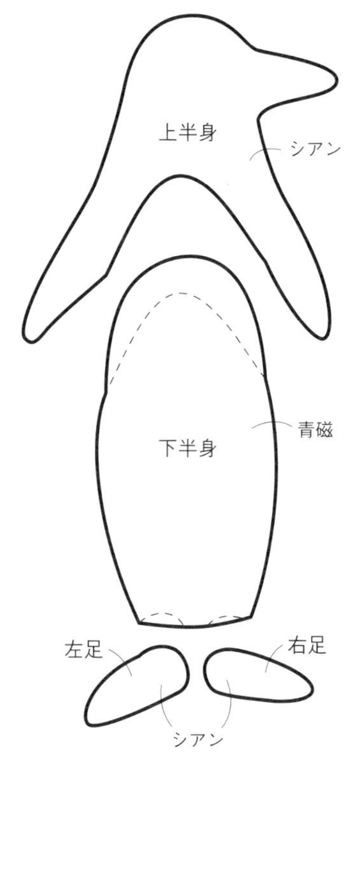
上半身
シアン
下半身
青磁
左足
右足
シアン

37 シロクマ

Photo ▶ P.24

材料

フェルト	オフホワイト(701)、淡ベージュ(213)、黒(790)
刺しゅう糸	ローアンバー(680)、紺(796)、白(BLANC)、橙(740)、茶(975)、ラムネ(3761)、つゆ草(155)、マロン(300)
その他	丸小ビーズ(シルバー)14個 直径6㎜の亀甲スパンコール(ラメ白)14個 わた少量、ブローチピン1個、手縫い糸

作り方

1 表面の型紙をフェルトに写してカットする。
2 足に本体を重ね、ブランケットstで縫いつける。
3 2の表側に図案を写す。
4 足、本体にそれぞれ刺しゅうをし、スパンコールとビーズを縫いつける。
5 図案もしくは4のできあがりの形に合わせて裏面用の黒のフェルトをカットする。4と合わせて、鼻部分にわたを入れずに細かいブランケットstをする。
6 縁まわりの刺し始め位置からわたを入れながらブランケットstでとじる。ブローチピンを縫いつける。

図案 ※数字は刺しゅう糸の色番号
※すべて2本どり

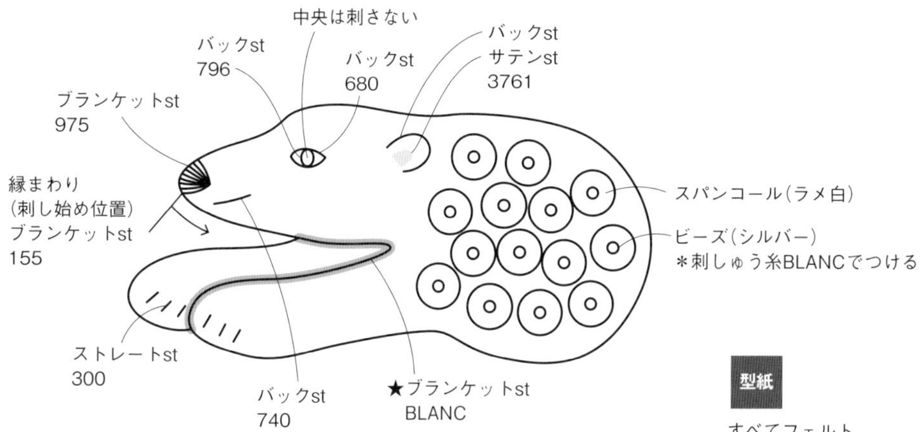
中央は刺さない
バックst
796
バックst
680
バックst
サテンst
3761
ブランケットst
975
縁まわり
(刺し始め位置)
ブランケットst
155
スパンコール(ラメ白)
ビーズ(シルバー)
＊刺しゅう糸BLANCでつける
ストレートst
300
バックst
740
★ブランケットst
BLANC

型紙

すべてフェルト
表面：各1枚
裏面：1枚（「裏面の裁ち方」P.37参照）

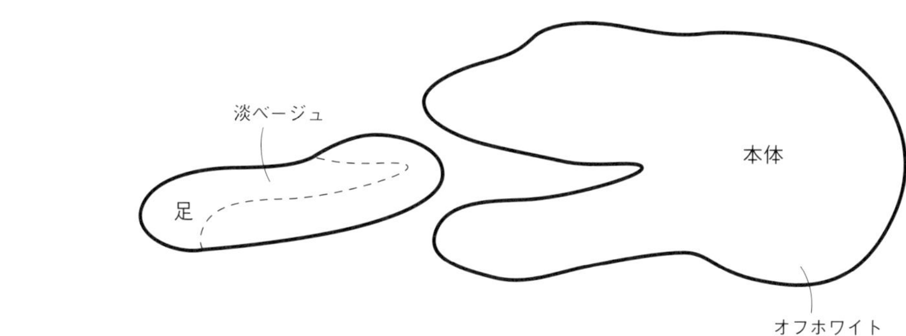
淡ベージュ
足
本体
オフホワイト

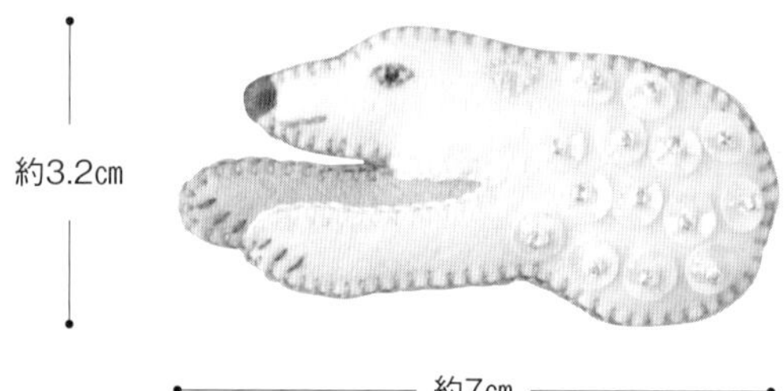
約3.2㎝
約7㎝

38 サカナ

Photo ▶ P.25

材料

フェルト	淡ベージュ(213)、シアン(583)、 キャロット(139)、黒(790)
刺しゅう糸	こげ茶(838)、渋朱(900)、白(BLANC)、 ライトカーキ(3012)、若葉(906)、 ターコイズ(3846)、ブルー系マルチ(4010)
その他	丸小ビーズ(薄紫)9個、(クリーム)14個 直径5mmの平丸スパンコール (ペールグリーン)10個 わた少量、ブローチピン1個、手縫い糸

作り方

1 表面の型紙をフェルトに写してカットする。
2 体に顔を重ね、ブランケットstで縫いつける。
3 体にヒレを重ね、ブランケットstで縫いつける。
4 3の表側に図案を写す。
5 顔に刺しゅうをし、体にスパンコールとビーズを縫いつける。
6 図案もしくは5のできあがりの形に合わせて裏面用の黒のフェルトをカットする。5と合わせて縁まわりの刺し始め位置からわたを入れながら、途中ビーズをつけ、ブランケットstでとじる。ブローチピンを縫いつける。

図案 ※数字は刺しゅう糸の色番号
※すべて2本どり

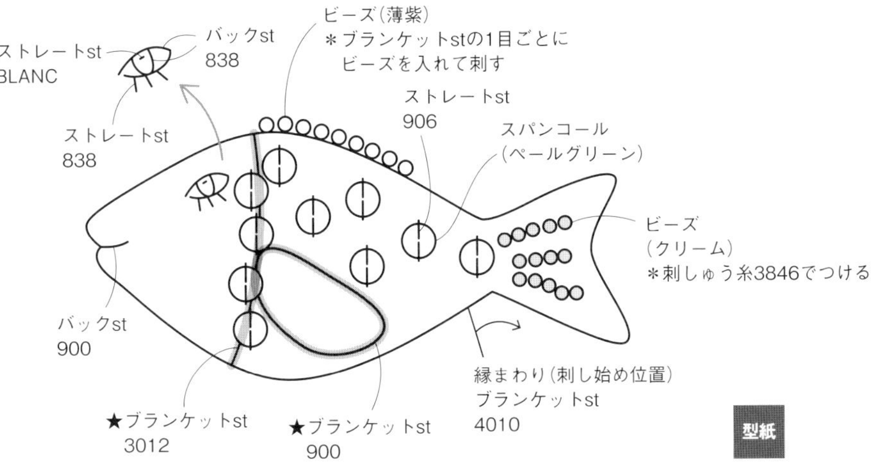
ストレートst
BLANC
バックst
838
ビーズ(薄紫)
＊ブランケットstの1目ごとに
ビーズを入れて刺す
ストレートst
906
ストレートst
838
スパンコール
(ペールグリーン)
ビーズ
(クリーム)
＊刺しゅう糸3846でつける
バックst
900
縁まわり(刺し始め位置)
ブランケットst
4010
★ブランケットst
3012
★ブランケットst
900

型紙

すべてフェルト
表面：各1枚
裏面：1枚（「裏面の裁ち方」P.37参照）

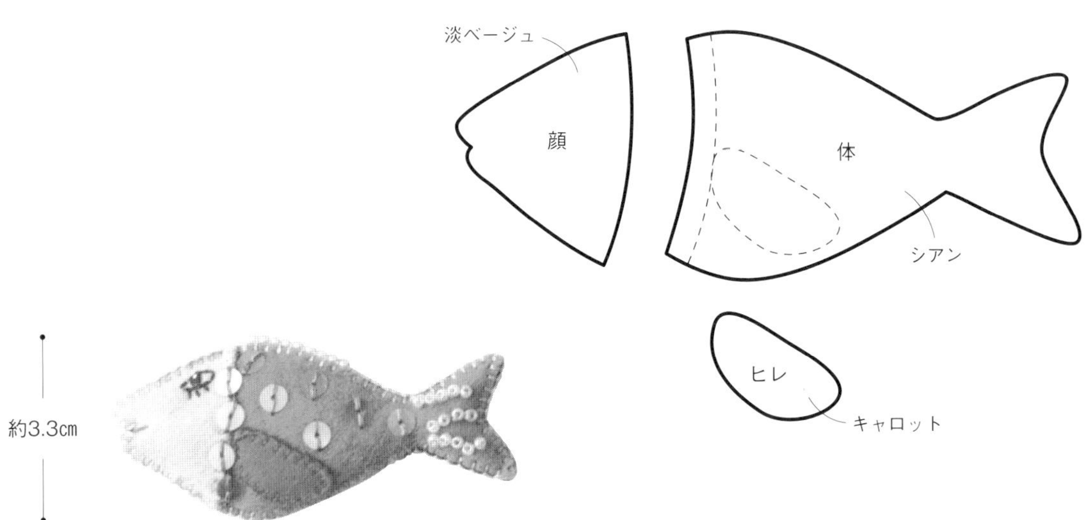
淡ベージュ
顔
体
シアン
ヒレ
キャロット
約3.3cm
約7.4cm

39 クジラ

Photo ▶ P.25

材料

フェルト	黄緑(453)、グレー(771)、ラムネ(554) 黒(790)
刺しゅう糸	紺(796)、白(BLANC)、ターコイズ(3846)、 赤紫(718)、淡黄(745)、さんご(3706)、 緑系マルチ(4050)、ラメラベンダー(E211)
その他	丸小ビーズ(ピンク)6個 直径5mmの平丸スパンコール (ペールグリーン)6個 わた少量、ブローチピン1個、手縫い糸

作り方

1 表面の型紙をフェルトに写してカットする。
2 お腹に体を重ね、ブランケットstで縫いつける。
3 2にヒレを重ね、ブランケットstで縫いつける。
4 3の表側に図案を写す。
5 体、お腹に刺しゅうをし、スパンコールとビーズを縫いつける。
6 図案もしくは5のできあがりの形に合わせて裏面用の黒のフェルトをカットする。5と合わせて縁まわりの刺し始め位置からわたを入れながらブランケットstでとじる。ブローチピンを縫いつける。

図案 ※数字は刺しゅう糸の色番号
※指定以外は2本どり

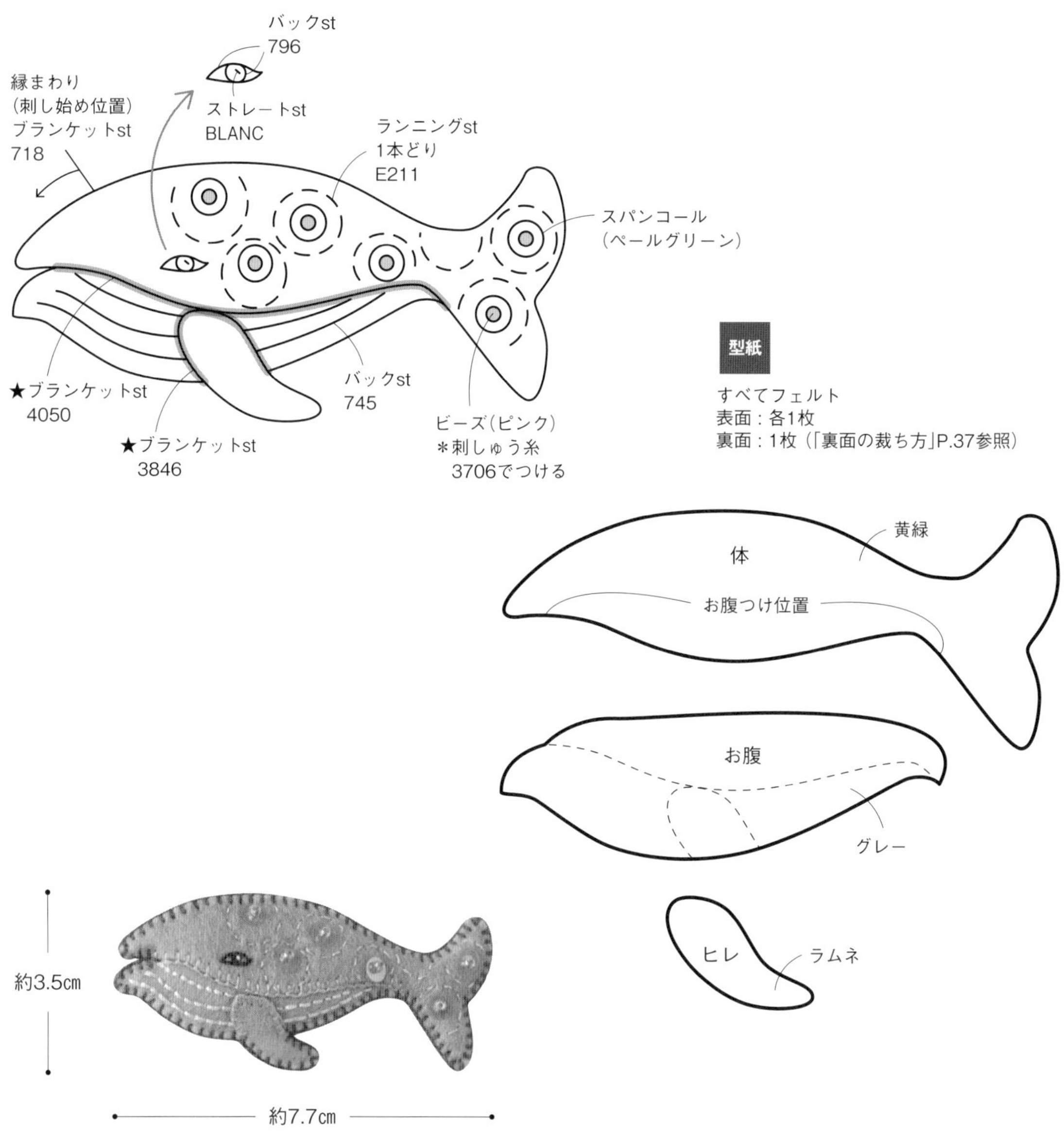

バックst
796
縁まわり
(刺し始め位置)
ブランケットst
718
ストレートst
BLANC
ランニングst
1本どり
E211
スパンコール
(ペールグリーン)
★ブランケットst
4050
バックst
745
★ブランケットst
3846
ビーズ(ピンク)
＊刺しゅう糸
3706でつける
型紙
すべてフェルト
表面：各1枚
裏面：1枚(「裏面の裁ち方」P.37参照)
体
黄緑
お腹つけ位置
お腹
グレー
ヒレ
ラムネ
約3.5cm
約7.7cm

40 ダリア

Photo ▶ P.26

材料

フェルト　ライム(443)、ピーチ(123)、黒(790)
刺しゅう糸　エメラルド(3812)、うす赤紫(3607)、マリンブルー(995)、若葉(906)、つゆ草(155)、ラメ銀(E168)
ÉTOILE ピンク(C915)
その他　丸小ビーズ(薄紫)19個、(水色)19個
わた少量、ブローチピン1個、手縫い糸

作り方

1 表面の型紙をフェルトに写してカットする。
2 茎に花を、△印を合わせて重ね、ブランケットstで縫いつける。
3 2の表側に図案を写す。
4 花、茎にそれぞれ刺しゅうをし、ビーズを縫いつける。
5 図案もしくは4のできあがりの形に合わせて裏面用の黒のフェルトをカットする。4と合わせて縁まわりの刺し始め位置からわたを入れながら、途中ビーズをつけ、ブランケットstでとじる。ブローチピンを縫いつける。

図案　※数字は刺しゅう糸の色番号
※指定以外は2本どり

型紙
すべてフェルト
表面：各1枚
裏面：1枚（「裏面の裁ち方」P.37参照）

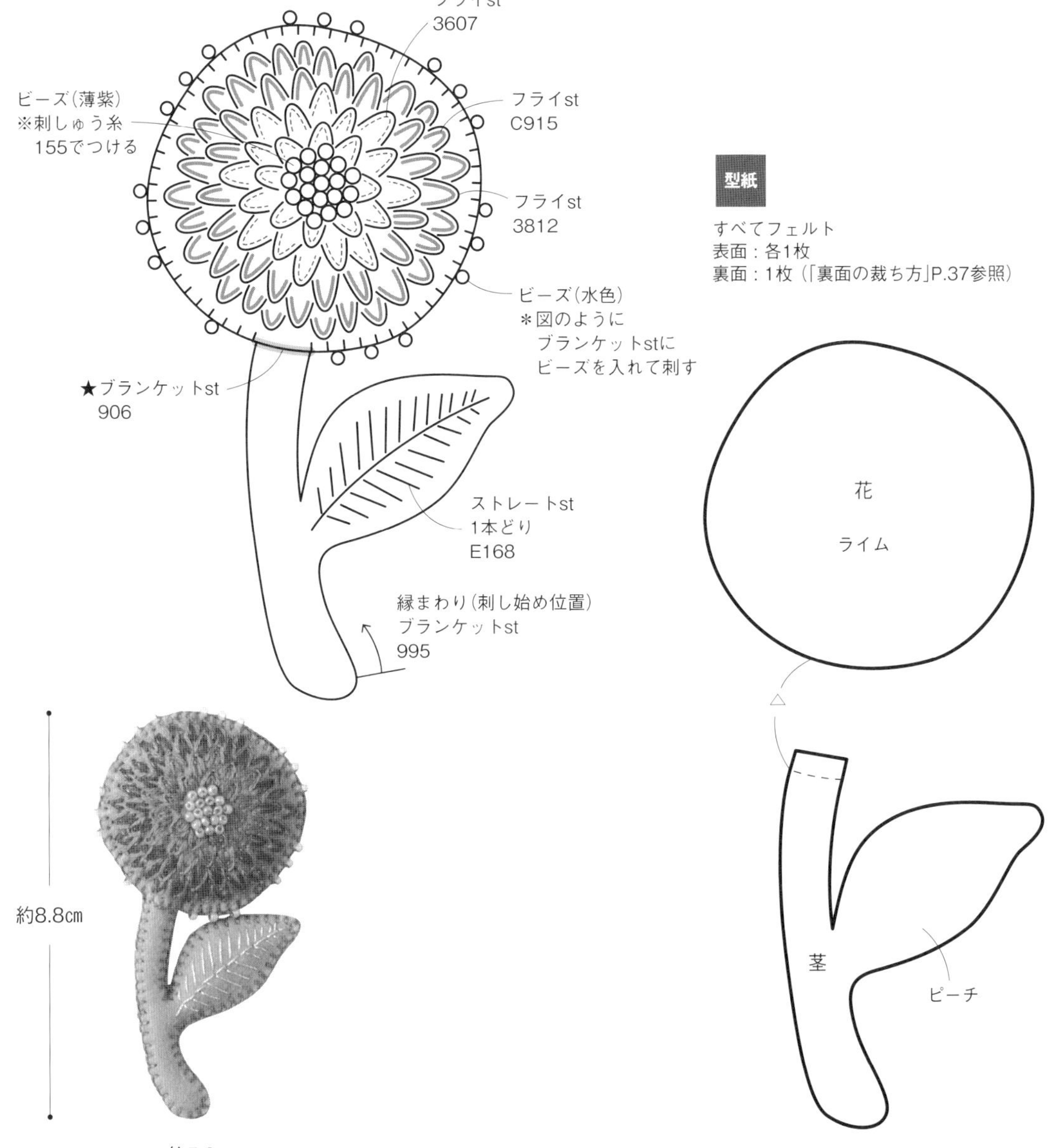

フライst
3607
ビーズ(薄紫)
※刺しゅう糸
155でつける
フライst
C915
フライst
3812
ビーズ(水色)
＊図のように
ブランケットstに
ビーズを入れて刺す
★ブランケットst
906
ストレートst
1本どり
E168
縁まわり(刺し始め位置)
ブランケットst
995
花
ライム
△
茎
ピーチ
約8.8cm
約5.3cm

19 カラス

Photo▶ P.15

材料

フェルト　群青(538)、紫(668)、黒(790)
刺しゅう糸　淡黄(745)、深緑(895)、ベージュ(945)、青(798)、深碧(3815)、からし(728)、ラメ青(E3843)、ラメ赤(E321)
DIAMANT GRANDÉ ライトシルバー(G168)
その他　丸小ビーズ(オレンジ)3個
直径5㎜の平丸スパンコール(ペールグリーン)3個
わた少量、ブローチピン1個、手縫い糸

作り方

1 表面の型紙をフェルトに写してカットする。
2 足に体を重ね、ブランケットstで縫いつける。
3 尾っぽに2を、△印を合わせて重ね、ブランケットstで縫いつける。
4 3の表側に図案を写す。
5 体、足にそれぞれ刺しゅうをし(くちばしを除く)、尾っぽにスパンコールとビーズを縫いつける。
6 図案もしくは5のできあがりの形に合わせて裏面用の黒のフェルトをカットする。5と合わせて縁まわりの刺し始め位置からわたを入れながらブランケットstでとじる(くちばしはわたを入れずに糸を長めに引き出したブランケットstで細かく刺す)。ブローチピンを縫いつける。

図案　※数字は刺しゅう糸の色番号
※指定以外は2本どり

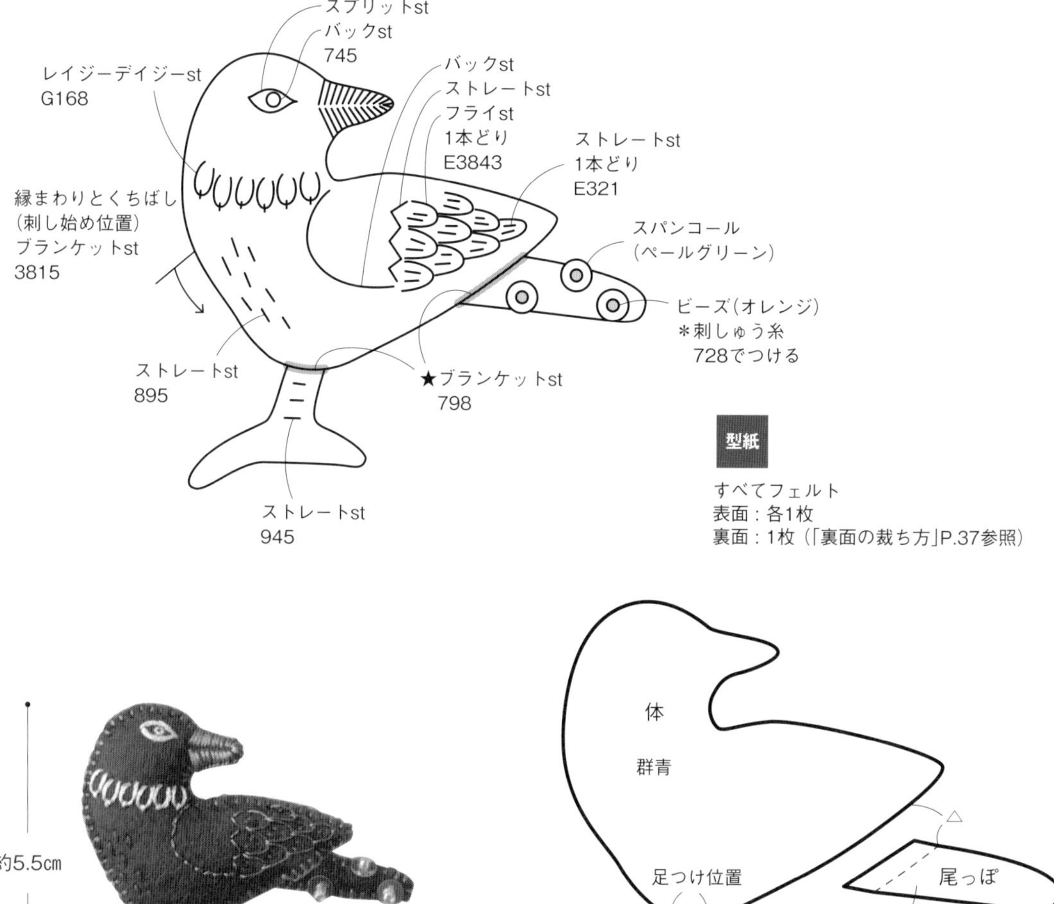
スプリットst
バックst
745
レイジーデイジーst
G168
バックst
ストレートst
フライst
1本どり
E3843
ストレートst
1本どり
E321
縁まわりとくちばし
(刺し始め位置)
ブランケットst
3815
スパンコール
(ペールグリーン)
ビーズ(オレンジ)
＊刺しゅう糸
728でつける
ストレートst
895
★ブランケットst
798
ストレートst
945
約5.5㎝
約6.4㎝
体
群青
△
足つけ位置
尾っぽ
紫
足

型紙

すべてフェルト
表面：各1枚
裏面：1枚(「裏面の裁ち方」P.37参照)

42 バラ

Photo ▶ P.27

材料

A(ピンク)

フェルト	チェリー(116)、チェリーピンク(126)、さくら(102)、黒(790)
刺しゅう糸	ローズ(602)、ピンク(3716)、ラメ赤(E321) DIAMANT GRANDÉ オールドローズ(G225)
その他	丸小ビーズ(ベビーピンク)約30個

B(ブルー)

フェルト	ブルー(552)、ラベンダー(680)、シアン(583)、黒(790)
刺しゅう糸	つゆ草(155)、ライトマリン(996)、ラメ青(E3843) DIAMANT GRANDÉ ライトシルバー(G168)
その他	丸小ビーズ(紺)約30個

A・B共通

その他	わた少量、ブローチピン1個、手縫い糸

作り方

1 表面の型紙をフェルトに写してカットする。
2 花②に中心の図案を写す。
3 花③④⑤を花②に重ね、それぞれたてまつりで縫いつける。
4 3の中央にスプリットstで刺しゅうする。
5 花①に4を重ね、一目おきにビーズをつけながらブランケットstで縫いつける。
6 型紙を写して裏面用の黒のフェルトをカットする。5と合わせて縁まわりの刺し始め位置からわたを入れながらブランケットstでとじる。ブローチピンを縫いつける。

型紙

すべてフェルト
表面：各1枚
裏面：1枚（「裏面の裁ち方」P.37参照）

図案 ※数字は刺しゅう糸の色番号
※すべて2本どり

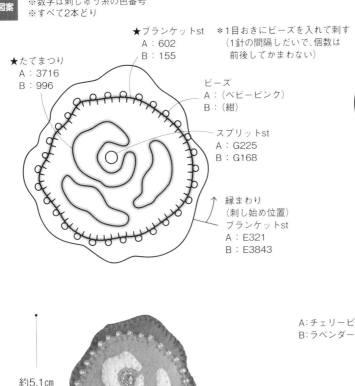

★ブランケットst
A：602
B：155

＊1目おきにビーズを入れて刺す
（1針の間隔しだいで、個数は前後してかまわない）

★たてまつり
A：3716
B：996

ビーズ
A：（ベビーピンク）
B：（紺）

スプリットst
A：G225
B：G168

縁まわり
（刺し始め位置）
ブランケットst
A：E321
B：E3843

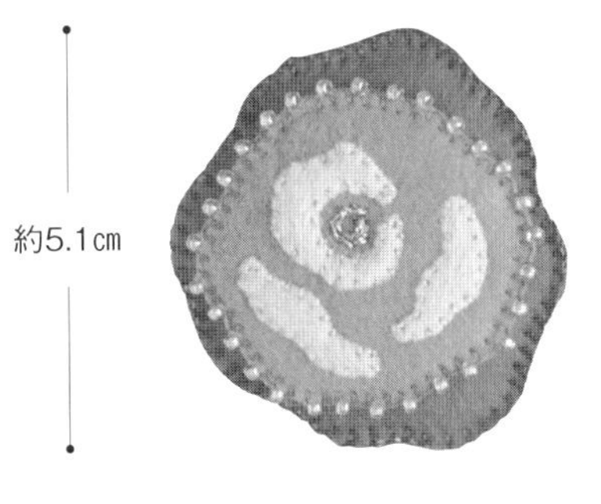

約5.1㎝
約5㎝

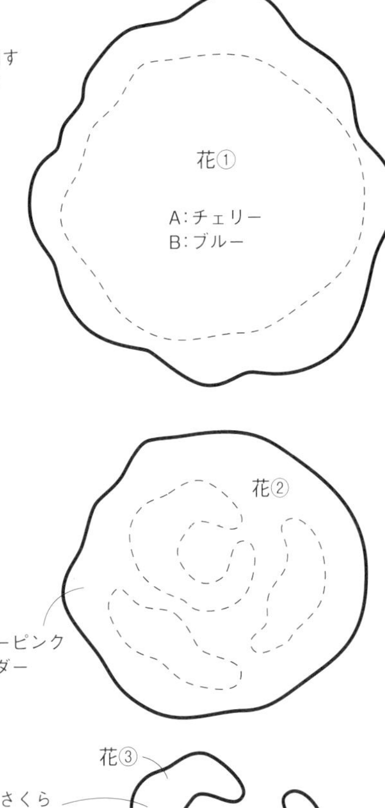

花①
A:チェリー
B:ブルー
花②
A:チェリーピンク
B:ラベンダー

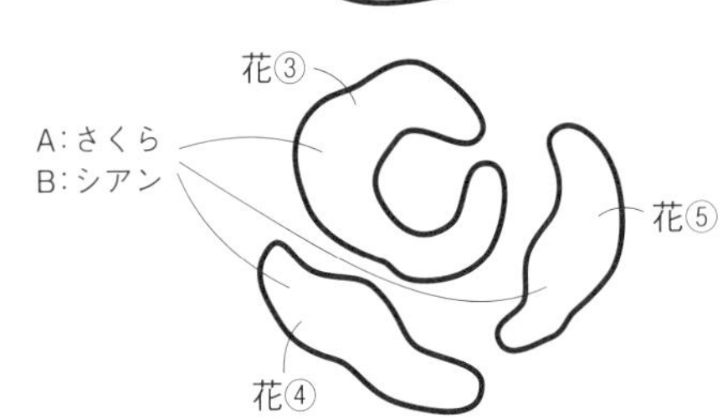

花③
A:さくら
B:シアン
花⑤
花④

43 ここの

Photo▶ P.28

材料

フェルト	青緑(569)、グレー(771)、ラベンダー(680)、淡サーモンピンク(301)、黒(790)
刺しゅう糸	マロン(300)、ベージュ(945)、紺(796)、さんご(3706)、エメラルド(3812)、つゆ草(155)、パンプキン(721)、緑系マルチ(4050) ÉTOILE 青(C820)
その他	わた少量、ブローチピン1個、手縫い糸

作り方

1 表面の型紙をフェルトに写してカットする。
2 髪②に顔を重ね、ブランケットstで縫いつける。
3 2に髪①を重ね、ブランケットstで縫いつける。
4 3にスカーフを重ね、ブランケットstで縫いつける。
5 4の表側に図案を写す。
6 髪①、顔、スカーフにそれぞれ刺しゅうする。
7 図案もしくは6のできあがりの形に合わせて裏面用の黒のフェルトをカットする。6と合わせて縁まわりの刺し始め位置からわたを入れながらブランケットstでとじる。ブローチピンを縫いつける。

図案 ※数字は刺しゅう糸の色番号
※すべて2本どり

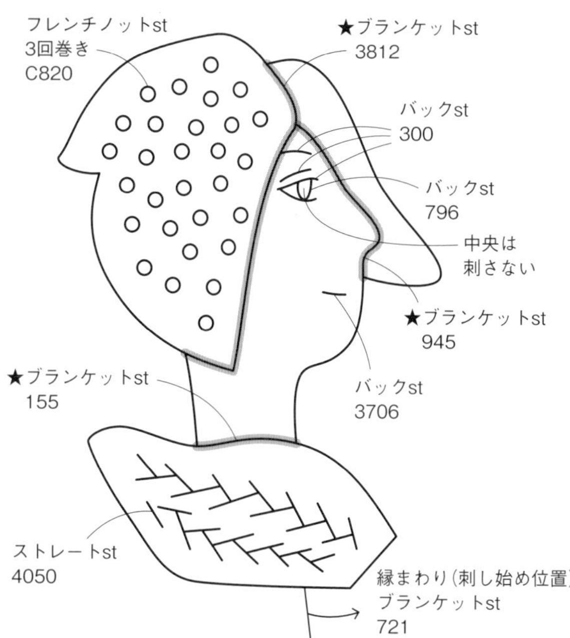

フレンチノットst
3回巻き
C820
★ブランケットst
3812
バックst
300
バックst
796
中央は
刺さない
★ブランケットst
945
★ブランケットst
155
バックst
3706
ストレートst
4050
縁まわり(刺し始め位置)
ブランケットst
721

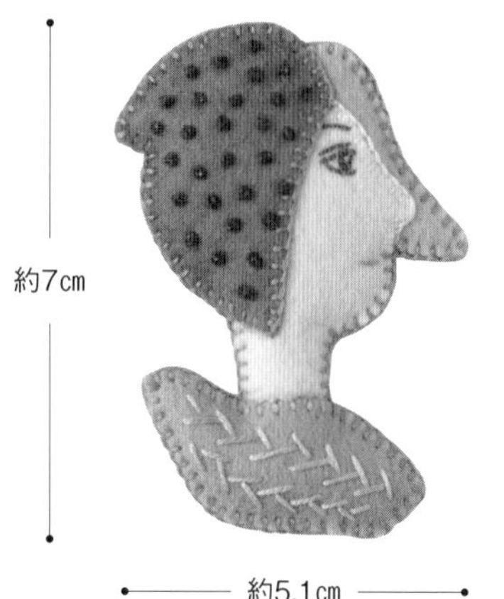

約7cm
約5.1cm

型紙

すべてフェルト
表面：各1枚
裏面：1枚（「裏面の裁ち方」P.37参照）

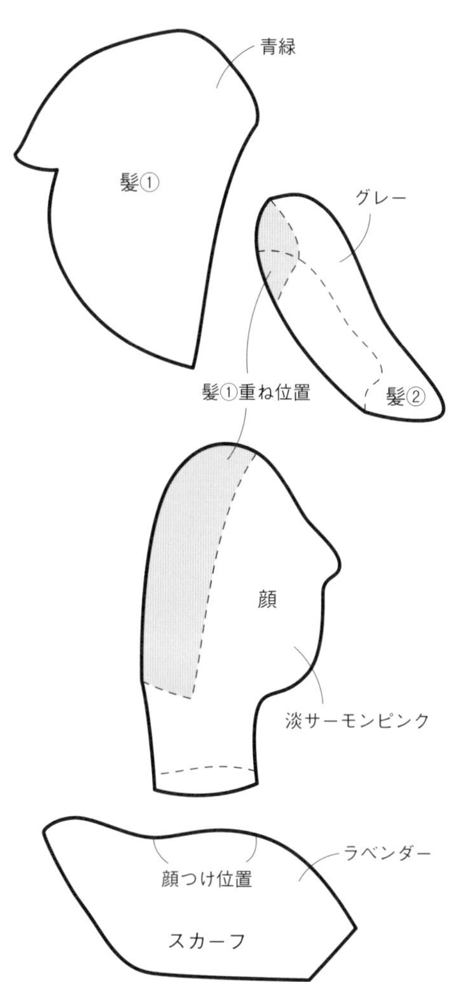

青緑
髪①
グレー
髪①重ね位置
髪②
顔
淡サーモンピンク
ラベンダー
顔つけ位置
スカーフ

44 ゲラルド

Photo▶ P.28

材料

フェルト	淡ブルー(544)、淡サーモンピンク(301)、紫(668)、黒(790)
刺しゅう糸	レモン(307)、ききょう(208)、紺(796)、白(BLANC)、マリーゴールド(608)、ラムネ(3761)、淡黄(745)、黄緑(907) 茶(975)、黄系マルチ(4080)
その他	丸小ビーズ(黄緑)2個 わた少量、ブローチピン1個、手縫い糸

作り方

1 表面の型紙をフェルトに写してカットする。
2 顔に髪を重ね、ブランケットstで縫いつける。
3 2に服を重ね、ブランケットstで縫いつける。
4 3の表側に図案を写す。
5 髪、顔にそれぞれ刺しゅうをし、服にビーズを縫いつける。
6 図案もしくは5のできあがりの形に合わせて裏面用の黒のフェルトをカットする。5と合わせて縁まわりの刺し始め位置からわたを入れながらブランケットstでとじる。ブローチピンを縫いつける。

図案 ※数字は刺しゅう糸の色番号
※すべて2本どり

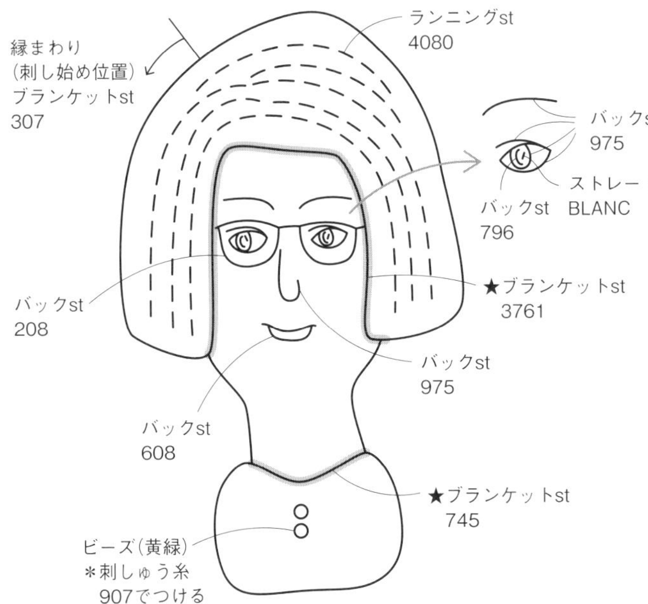
ランニングst
4080
縁まわり
(刺し始め位置)
ブランケットst
307
バックst
975
ストレートst
BLANC
バックst
796
★ブランケットst
3761
バックst
208
バックst
975
バックst
608
★ブランケットst
745
ビーズ(黄緑)
＊刺しゅう糸
907でつける

約7.5cm
約4.5cm

型紙

すべてフェルト
表面：各1枚
裏面：1枚(「裏面の裁ち方」P.37参照)

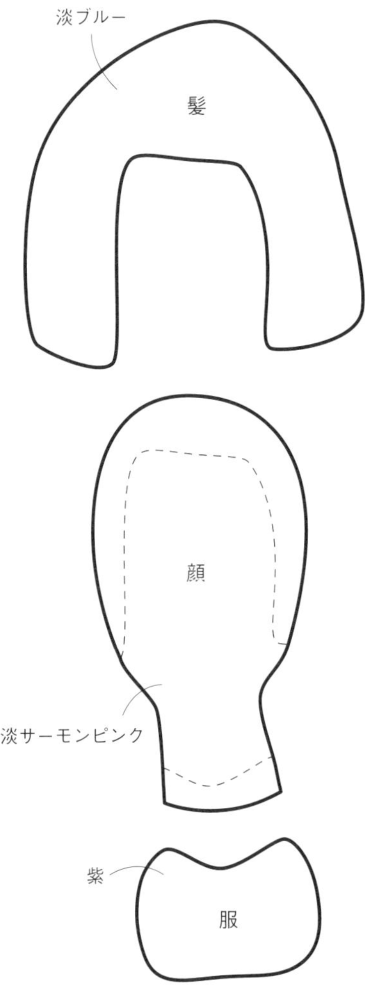
淡ブルー
髪
顔
淡サーモンピンク
紫
服

45 エリーザ

Photo ▶ P.29

材料

フェルト	マリンブルー(546)、すみれ(661)、サーモンピンク(302)、淡茶(219)、黒(790)
刺しゅう糸	マリンブルー(995)、若葉(906)、白(BLANC)、濃紅茶(814)、ローアンバー(680)、フラミンゴ(3771)、こげ茶(838)、赤(347) ÉTOILE みかん(C972)、淡グレー(C415)
その他	丸小ビーズ(赤)2個 わた少量、ブローチピン1個、手縫い糸

作り方

1 表面の型紙をフェルトに写してカットする。
2 髪に顔を重ね、途中ビーズをつけながらブランケットstで縫いつける。
3 2に帽子を重ね、ブランケットstで縫いつける。
4 3にセーターを重ね、ブランケットstで縫いつける。
5 4の表側に図案を写す。
6 帽子、顔、セーターにそれぞれ刺しゅうする。
7 図案もしくは6のできあがりの形に合わせて裏面用の黒のフェルトをカットする。6と合わせて縁まわりの刺し始め位置からわたを入れながらブランケットstでとじる。ブローチピンを縫いつける。

図案 ※数字は刺しゅう糸の色番号
※すべて2本どり

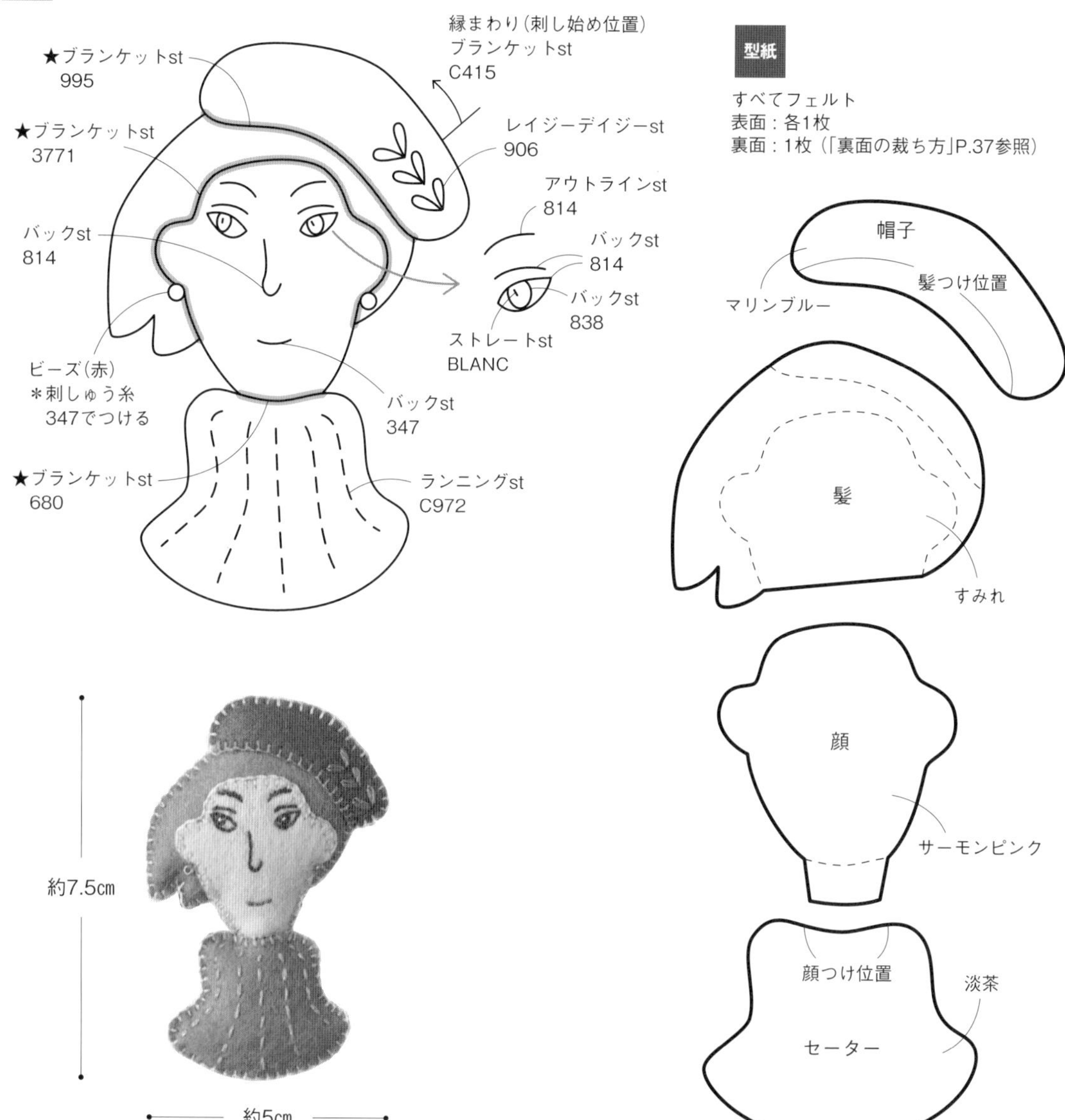

縁まわり(刺し始め位置)
ブランケットst
C415
★ブランケットst
995
★ブランケットst
3771
バックst
814
ビーズ(赤)
＊刺しゅう糸
347でつける
★ブランケットst
680
レイジーデイジーst
906
アウトラインst
814
バックst
814
バックst
838
ストレートst
BLANC
バックst
347
ランニングst
C972
型紙
すべてフェルト
表面：各1枚
裏面：1枚（「裏面の裁ち方」P.37参照）
帽子
マリンブルー
髪つけ位置
髪
すみれ
顔
サーモンピンク
顔つけ位置
淡茶
セーター
約7.5cm
約5cm

46 フランチェスカ

Photo ▶ P.29

材料

フェルト　チェリー(116)、淡オレンジ(336)、淡ベージュ(213)、オフホワイト(701)、黒(790)

刺しゅう糸　プラム(601)、茶(975)、抹茶(470)、コーラルレッド(893)、ライラック(3608)、わすれな草(341)、ブルー系マルチ(4010)、ラメ赤(E321)
ÉTOILE こげ茶(C3371)

その他　丸小ビーズ(薄紫)16個
わた少量、ブローチピン1個、手縫い糸

作り方

1 表面の型紙をフェルトに写してカットする。
2 顔に髪を重ね、ブランケットstで縫いつける。
3 2に右衿を重ね、ブランケットstで縫いつける。
4 3に左衿を重ね、ブランケットstで縫いつける。
5 4の表側に図案を写す。
6 髪、顔、左右衿にそれぞれ刺しゅうする。
7 図案もしくは6のできあがりの形に合わせて裏面用の黒のフェルトをカットする。6と合わせて縁まわりの刺し始め位置からわたを入れながら、途中ビーズをつけ、ブランケットstでとじる。ブローチピンを縫いつける。

図案　※数字は刺しゅう糸の色番号
※指定以外は2本どり

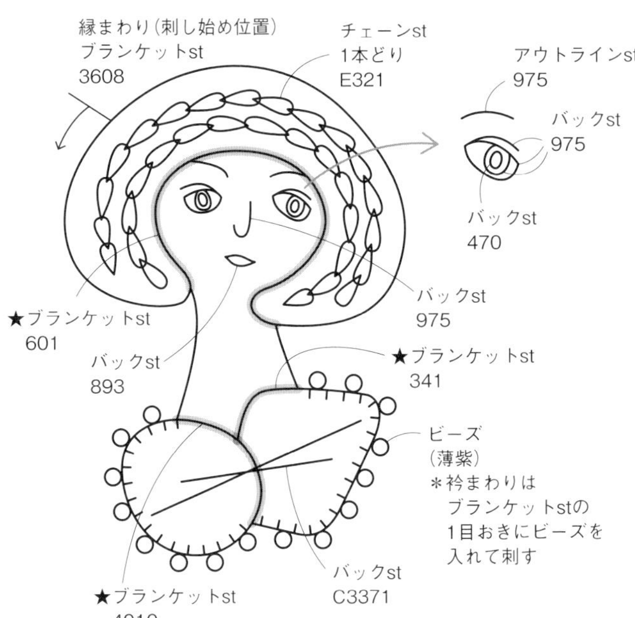

縁まわり(刺し始め位置)
ブランケットst
3608
チェーンst
1本どり
E321
アウトラインst
975
バックst
975
バックst
470
バックst
975
★ブランケットst
601
バックst
893
★ブランケットst
341
ビーズ
(薄紫)
＊衿まわりは
ブランケットstの
1目おきにビーズを
入れて刺す
バックst
C3371
★ブランケットst
4010

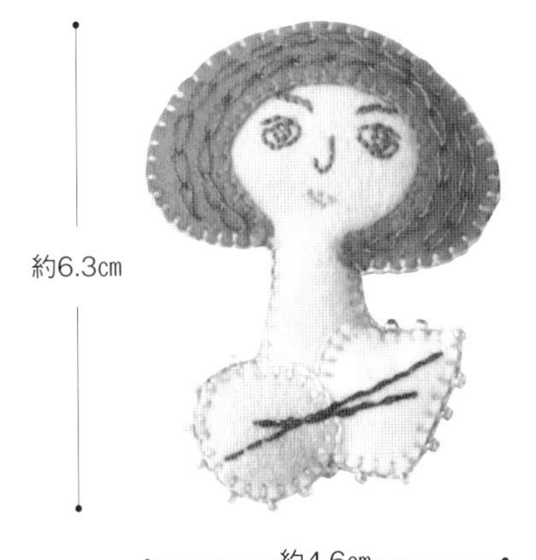

約6.3㎝
約4.6㎝

型紙

すべてフェルト
表面：各1枚
裏面：1枚（「裏面の裁ち方」P.37参照）

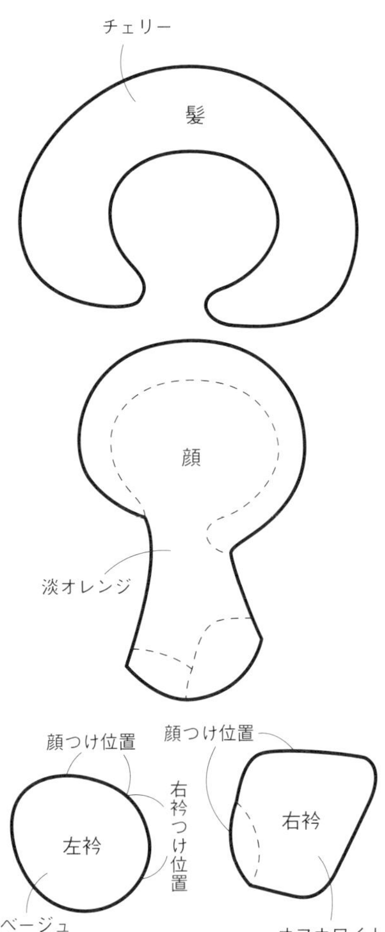

チェリー
髪
顔
淡オレンジ
顔つけ位置
顔つけ位置
右衿つけ位置
左衿
右衿
淡ベージュ
オフホワイト

47 ハリネズミ

Photo▶ P.30

材料

フェルト　ラベンダー(680)、クリーム(331)、黒(790)
刺しゅう糸　茶(975)、渋朱(900)、フラミンゴ(3771)、淡黄(745)、抹茶(470)、つゆ草(155)、ターコイズ(3846)
ÉTOILE クリーム(C738)
その他　丸小ビーズ(白)約28個、(黒)1個
わた少量、ブローチピン1個、手縫い糸

作り方

1 表面の型紙をフェルトに写してカットする。
2 体に前足と後ろ足を、それぞれ△と▲印を合わせて重ね、ブランケットstで縫いつける。
3 2に顔を重ね、ブランケットstで縫いつける。
4 3の表側に図案を写す。
5 顔、体、前後の足にそれぞれ刺しゅうする。
6 図案もしくは5のできあがりの形に合わせて裏面用の黒のフェルトをカットする。5と合わせて緑まわりの刺し始め位置からわたを入れながら、途中ビーズをつけ、ブランケットstでとじる。ブローチピンを縫いつける。

図案　※数字は刺しゅう糸の色番号
※すべて2本どり

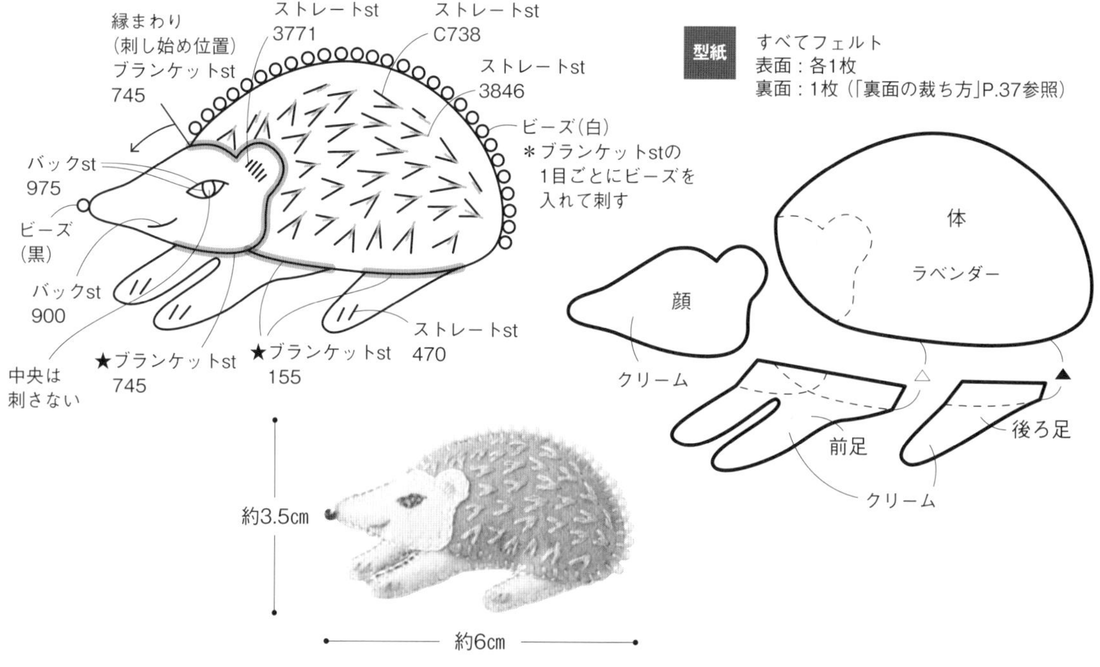
緑まわり
(刺し始め位置)
ブランケットst
745
ストレートst
3771
ストレートst
C738
ストレートst
3846
ビーズ(白)
＊ブランケットstの
1目ごとにビーズを
入れて刺す
バックst
975
ビーズ
(黒)
バックst
900
中央は
刺さない
★ブランケットst
745
★ブランケットst
155
ストレートst
470
型紙
すべてフェルト
表面：各1枚
裏面：1枚（「裏面の裁ち方」P.37参照）
体
ラベンダー
顔
クリーム
前足
後ろ足
クリーム
約3.5cm
約6cm

---

49 ハナミズキ

Photo▶ P.30

材料

フェルト　コーラルレッド(105)、黒(790)
刺しゅう糸　さんご(3706)、ピンク(3716)、赤(347)、ライトカーキ(3012)
その他　丸小ビーズ(黄緑)18個、(金)24個
わた少量、ブローチピン1個、手縫い糸

作り方

1 型紙を表面と裏面のフェルトに写してカットする。
2 表面に図案を写して刺しゅうをし、中心にビーズを縫いつける。
3 2と裏面を合わせて緑まわりの刺し始め位置からわたを入れながら、途中ビーズをつけ、ブランケットstでとじる。ブローチピンを縫いつける。

図案　※数字は刺しゅう糸の色番号
※すべて2本どり

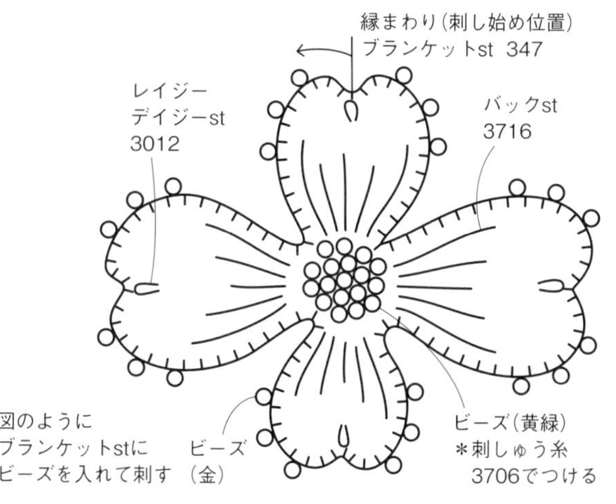
緑まわり(刺し始め位置)
ブランケットst 347
レイジー
デイジーst
3012
バックst
3716
＊図のように
ブランケットstに
ビーズを入れて刺す
ビーズ
(金)
ビーズ(黄緑)
＊刺しゅう糸
3706でつける

48 ハシビロコウ

Photo ▶ P.30

材料

フェルト	ブルー(552)、グレー(771)、黒(790)
刺しゅう糸	青(798)、ききょう(208)、つゆ草(155)、ひすい(913)、ラメ赤紫(E718)、ブルー(3325)、ラメブルー(E747) ÉTOILE 青(C820)
その他	わた少量、ブローチピン1個、手縫い糸

作り方

1 表面の型紙をフェルトに写してカットする。
2 体にくちばしを重ね、ブランケットstで縫いつける。
3 2の表側に図案を写す。
4 くちばし、体にそれぞれ刺しゅうする。
5 図案もしくは4のできあがりの形に合わせて裏面用の黒のフェルトをカットする。4と合わせて縁まわりの刺し始め位置からわたを入れながらブランケットstでとじる。ブローチピンを縫いつける。

図案 ※数字は刺しゅう糸の色番号
※すべて2本どり

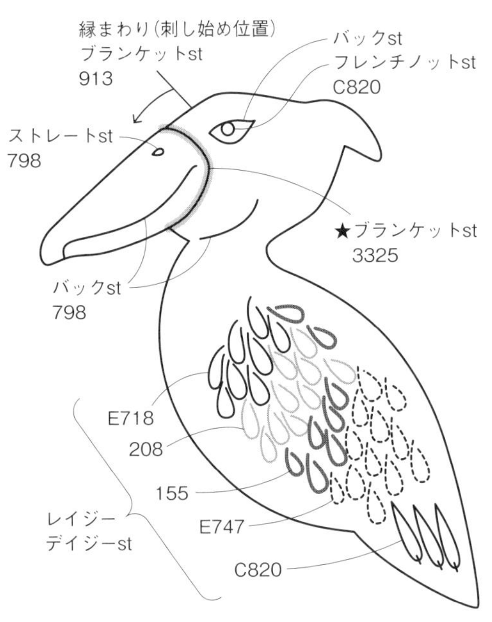
縁まわり(刺し始め位置)
ブランケットst
913
バックst
フレンチノットst
C820
ストレートst
798
★ブランケットst
3325
バックst
798
E718
208
155
E747
C820
レイジー
デイジーst

型紙 すべてフェルト
表面：各1枚
裏面：1枚
(「裏面の裁ち方」P.37参照)

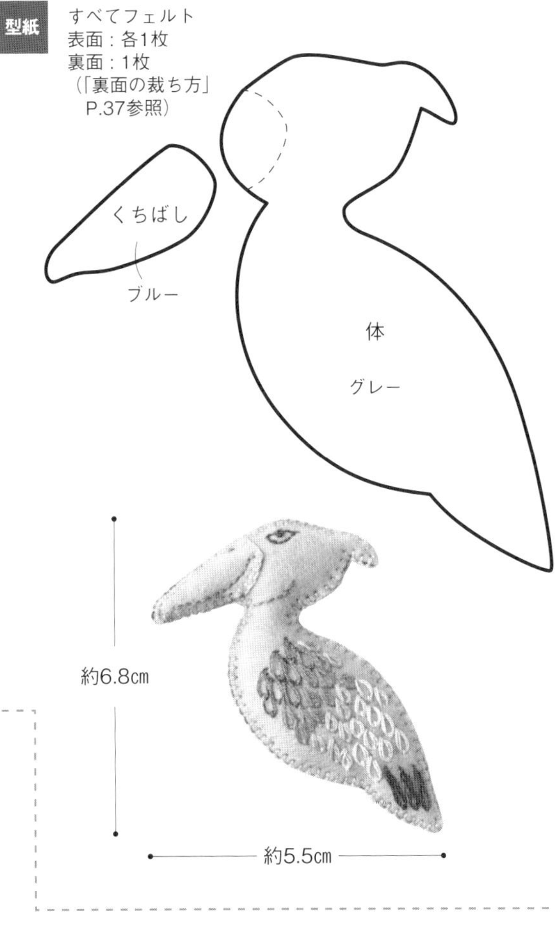
くちばし
ブルー
体
グレー
約6.8㎝
約5.5㎝

型紙 すべてフェルト
表面：1枚
裏面：1枚（「裏面の裁ち方」P.37参照）

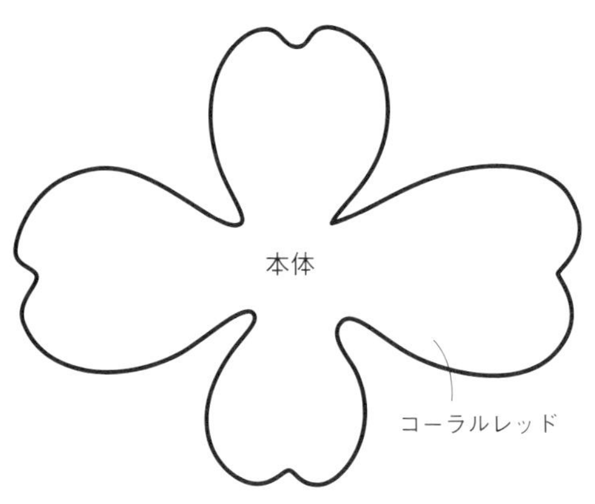
本体
コーラルレッド

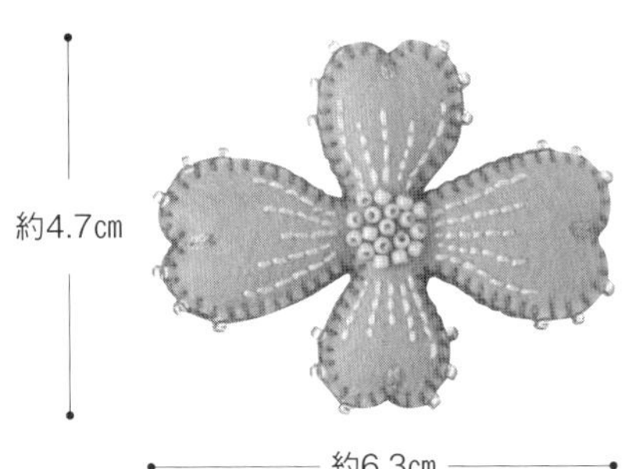
約4.7㎝
約6.3㎝

50 カメ

Photo▶ P.30

材料

フェルト	淡茶(219)、チェリーピンク(126)、浅緑(574)、黒(790)
刺しゅう糸	濃紅茶(814)、ローアンバー(680)、淡黄(745)、からし(728)、深緑(895)、コーラルレッド(893)、緑系マルチ(4050)、ブルー系マルチ(4010)、ラメ黄緑(E703)
その他	丸小ビーズ(薄紫)12個 わた少量、ブローチピン1個、手縫い糸

作り方

1 表面の型紙をフェルトに写してカットする。
2 前足に顔を重ね、ブランケットstで縫いつける。
3 2に甲羅を、△印を合わせて重ね、ブランケットstで縫いつける。
4 後ろ足に3を、▲印を合わせて重ね、ブランケットstで縫いつける。
5 4の表側に図案を写す。
6 顔、甲羅、前後の足にそれぞれ刺しゅうする。
7 図案もしくは6のできあがりの形に合わせて裏面用の黒のフェルトをカットする。6と合わせて縁まわりの刺し始め位置からわたを入れながら、途中ビーズをつけながらブランケットstでとじる。ブローチピンを縫いつける。

図案 ※数字は刺しゅう糸の色番号
※指定以外は2本どり

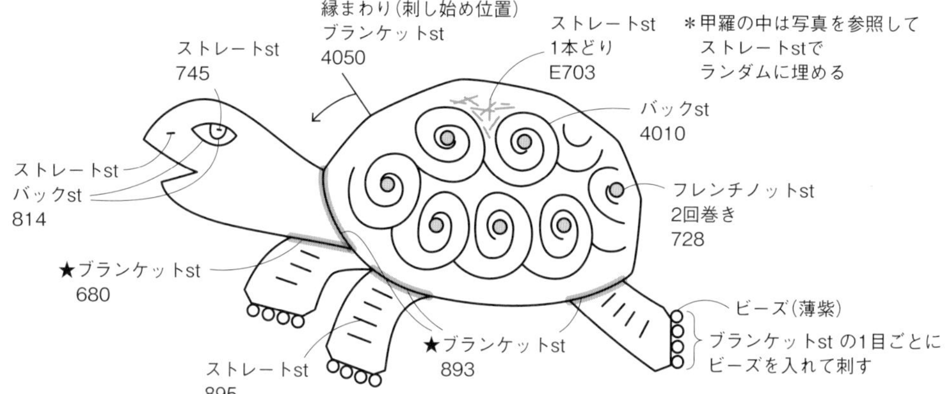

縁まわり(刺し始め位置)
ブランケットst
4050
ストレートst
745
ストレートst
1本どり
E703
＊甲羅の中は写真を参照して
ストレートstで
ランダムに埋める
バックst
4010
ストレートst
バックst
814
フレンチノットst
2回巻き
728
★ブランケットst
680
ビーズ(薄紫)
ブランケットst の1目ごとに
ビーズを入れて刺す
★ブランケットst
893
ストレートst
895

型紙 すべてフェルト
表面：各1枚
裏面：1枚(「裏面の裁ち方」P.37参照)

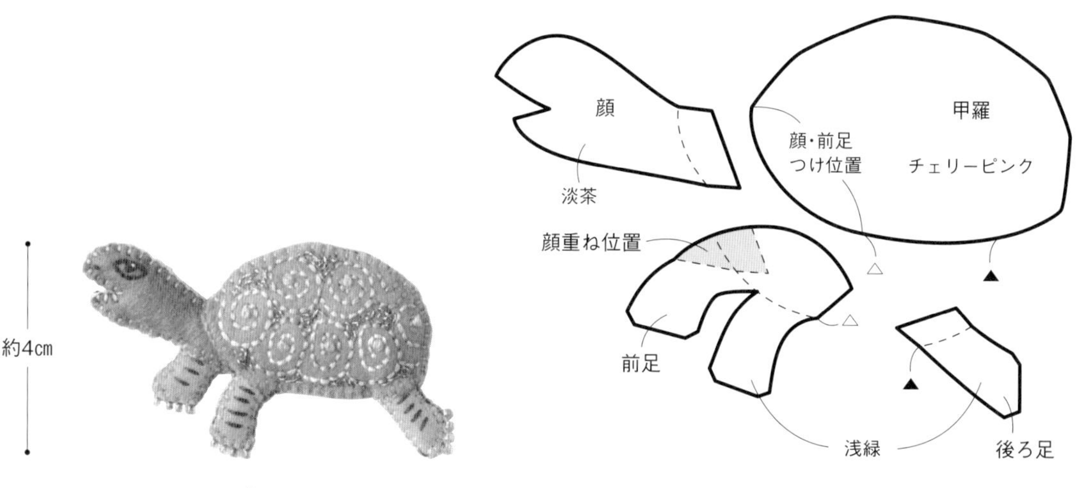

顔
淡茶
甲羅
顔・前足
つけ位置
チェリーピンク
顔重ね位置
前足
浅緑
後ろ足
約4cm
約7cm

51 カラー

Photo ▶ P.31

材料

フェルト	ライラック(623)、ラベンダー(680)、浅葱(582)、深緑(446)、黒(790)
刺しゅう糸	つゆ草(155)、花緑青(959)、黄系マルチ(4080)、緑系マルチ(4050)、ラメ黄緑(E703)
その他	丸小ビーズ(ペールグリーン)8個 わた少量、ブローチピン1個、手縫い糸

作り方

1 表面の型紙をフェルトに写してカットする。
2 花①に花②を重ね、ブランケットstで縫いつける。
3 2に花③を重ね、ブランケットstで縫いつける。
4 茎に3を重ね、ブランケットstで縫いつける。
5 葉に4を重ね、ブランケットstで縫いつける。
6 5の表側に図案を写す。
7 花①、葉にそれぞれ刺しゅうをし、茎にビーズを縫いつける。
8 図案もしくは7のできあがりの形に合わせて裏面用の黒のフェルトをカットする。7と合わせて縁まわりの刺し始め位置からわたを入れながらブランケットstでとじる。ブローチピンを縫いつける。

図案 ※数字は刺しゅう糸の色番号
※指定以外は2本どり

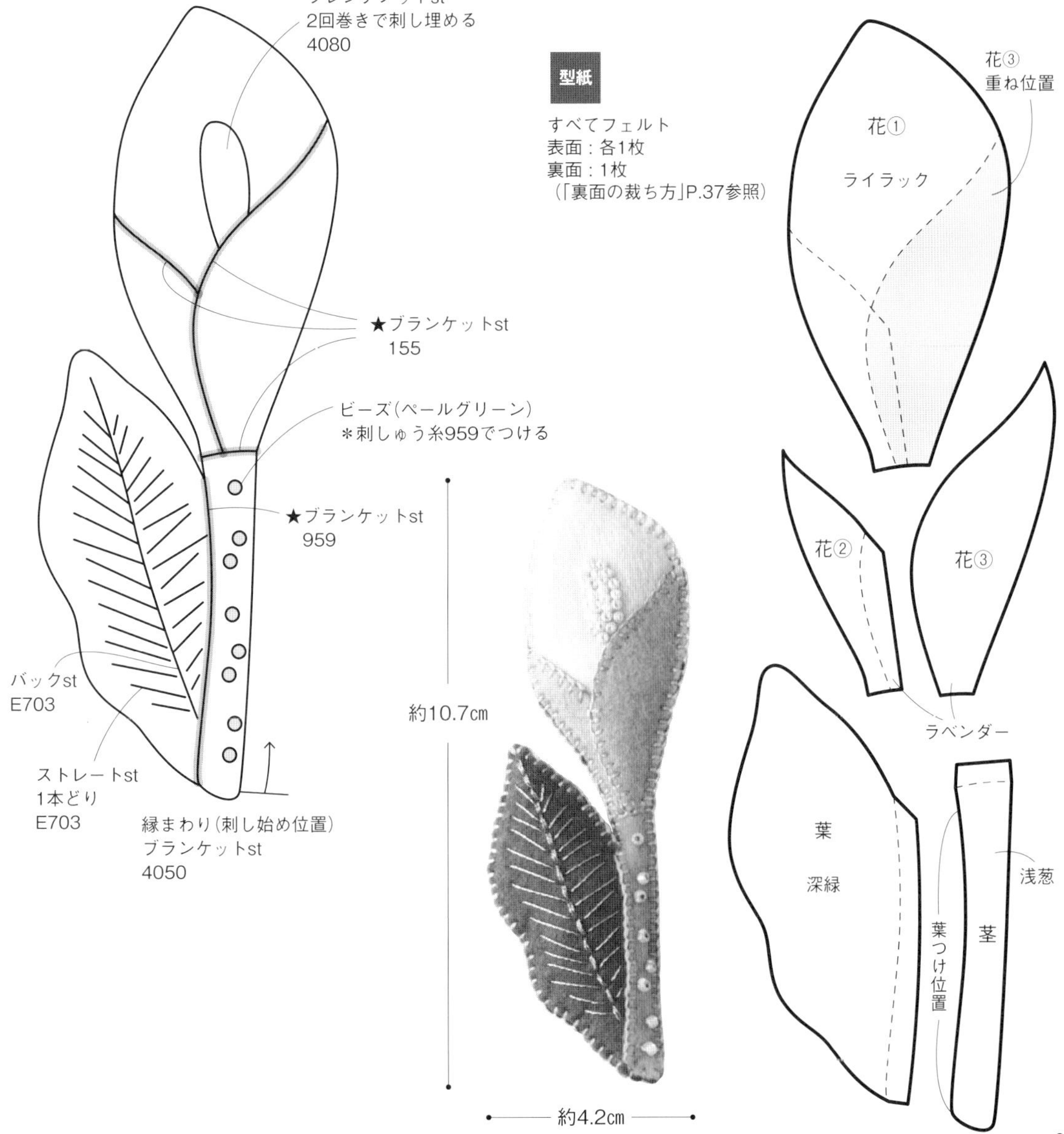

フレンチノットst
2回巻きで刺し埋める
4080
★ブランケットst
155
ビーズ(ペールグリーン)
＊刺しゅう糸959でつける
★ブランケットst
959
バックst
E703
ストレートst
1本どり
E703
縁まわり(刺し始め位置)
ブランケットst
4050
約10.7㎝
約4.2㎝
型紙
すべてフェルト
表面：各1枚
裏面：1枚
(「裏面の裁ち方」P.37参照)
花③
重ね位置
花①
ライラック
花②
花③
ラベンダー
葉
深緑
葉つけ位置
茎
浅葱

Profile

松尾容巳子

Yumiko Matsuo（Mondo Yumico）

神戸出身、東京在住。デザイン会社勤務を経て、2011年に独立。ハンドメイドブランドMondo Yumicoを立ち上げる。手芸書を中心としたイラストを手がける一方で、陶芸や人形などの作家としても活動。現在はフェルトと刺しゅう糸を使った作品制作を行う。

https://mondoyumico.amebaownd.com

Staff

ブックデザイン　橘川幹子
撮影　下村しのぶ
スタイリング　曲田有子
作り方・製図　松尾容巳子
校閲　守屋かおる
編集　中田早苗
編集デスク　鏑木香緒里

素材協力

サンフェルト 株式会社
東京都台東区寿 2-1-4
TEL 03-3842-5562（代）
http://www.sunfelt.co.jp

ディー・エム・シー 株式会社（DMC）
東京都千代田区神田紺屋町13番地 山東ビル7F
TEL 03-5296-7832
https://www.dmc.com

フェルトとビーズで作る 刺しゅうブローチ

2021年4月5日　初版第1刷発行

著　者　松尾容巳子
発行者　廣瀬和二
発行所　株式会社日東書院本社
〒160-0022 東京都新宿区新宿2丁目15番14号 辰巳ビル
TEL　03-5360-7522（代表）
FAX　03-5360-8951（販売部）
振　替　00180-0-705733
URL　http://www.TG-NET.co.jp

印　刷　三共グラフィック株式会社
製　本　株式会社セイコーバインダリー

ISBN 978-4-528-02345-1

【読者の皆様へ】

本書の内容に関するお問い合わせは、
お手紙または
FAX（03-5360-8047）
メール（info@TG-NET.co.jp）
にて承ります。
恐縮ですが、電話でのお問い合わせはご遠慮ください。
『フェルトとビーズで作る刺しゅうブローチ』編集部

＊本書に掲載している作品の複製・販売はご遠慮ください。